BESTACTIVITYBOOKS.COM

Copyright © 2022 LINGUAS CLASSICS

PREMIERE ÉDITION

Dépôt légal, 2022

Illustration Graphique Extra: www.freepik.com
Merci à Alekksall, Starline, Pch.vector, Rawpixel.com, Vectorpocket, Dgim-studio, Upklyak, Macrovector, Stockgiu, Pikisuperstar & Freepik.com Designers

Découvrez des Jeux Gratuits en Ligne

Disponible Ici :

BestActivityBooks.com/FREEGAMES

5 ASTUCES POUR DÉMARRER !

1) COMMENT RÉSOUDRE LES MOTS MÊLÉS

Les puzzles sont dans un format classique :

- Les mots sont cachés sans espaces, tirets, ...
- Orientation : Les mots peuvent être écrits en avant, en arrière, vers le haut, vers le bas ou en diagonale (ils peuvent être inversés).
- Les mots peuvent se chevaucher ou se croiser.

2) UN APPRENTISSAGE ACTIF

Un espace est prévu à côté de chaque mots pour noter la traduction. Pour favoriser un apprentissage actif un **DICTIONNAIRE** à la fin de cette édition vous permettra de vérifier et étendre vos connaissances. Cherchez et notez les traductions, trouvez-les dans le Puzzle et ajoutez-les à votre vocabulaire !

3) MARQUEZ LES MOTS

Vous pouvez inventer votre propre système de marquage. Peut-être en utilisez-vous déjà un ? Sinon, vous pourriez, par exemple, marquer les mots qui ont été difficiles à trouver d'une croix, ceux que vous avez aimés d'une étoile, les mots nouveaux d'un triangle, les mots rares d'un diamant, etc...

4) STRUCTUREZ VOTRE APPRENTISSAGE

Cette édition vous offre un **CARNET DE NOTES** très pratique à la fin du livre. En vacances ou en voyage ou à la maison, vous pouvez facilement organiser vos nouvelles connaissances sans avoir besoin d'un second bloc-notes !

5) VOUS AVEZ FINI TOUTES LES GRILLES ?

Allez à la section bonus **CHALLENGE FINAL** pour trouver un jeu gratuit à la fin de cette édition !

Simple et Rapide ! Découvrez notre collection de livres d'activités pour votre prochain moment de détente et **d'apprentissage**, à juste un clic de distance !

Trouvez votre prochain défi sur :

BestActivityBooks.com/MonProchainLivre

À vos marques, prêts... Partez !

Saviez-vous qu'il existe environ 7 000 langues différentes dans le monde ? Les mots sont précieux.

Nous aimons les langues et avons travaillé dur pour créer les livres de la plus haute qualité pour vous. Nos ingrédients ?

Une sélection des thématiques d'apprentissage adaptée, trois belles parts de divertissement, puis nous ajoutons une cuillère de mots difficiles et une pincée de mots rares. Nous les servons avec soin et un maximum de plaisir pour vous permettre de résoudre les meilleurs jeux de mots mêlés qui soient et d'apprendre en vous amusant !

Votre avis est essentiel. Vous pouvez participer activement au succès de ce livre en nous laissant un commentaire. Nous aimerions vraiment savoir ce que vous avez préféré dans cette édition !

Voici un lien rapide qui vous mènera à la page d'évaluation de vos commandes :

BestBooksActivity.com/Avis50

Merci pour votre aide et amusez-vous bien !

De la part de toute l'équipe

1 - Été

```
V M E V Q P O R K S E E N D
V U K E G X S S A T T Y Z U
A S F W K O S A M R E I S I
K I K G V O T Q P A S U X K
A E F A M I L I E N Q X A V
N K X J F L U G E D T V U R
S T E R R E M V R I E N D E
I I X J T R H D E B A U I U
E C U Z U Y F N M J O D I G
S A N D A L E M V Z F E J D
O N T S P A N N I N G T K E
S T N B U R Y D L I Z U G E
I M B Q S P E L E T J I E S
P Q T Z C X Q O B M A N Y Z
```

VRIENDE	SEE
KAMPEER	MUSIEK
STERRE	KOS
FAMILIE	STRAND
TUIN	DUIK
SPELETJIES	SANDALE
VREUGDE	VAKANSIE
BOEKE	REIS
ONTSPANNING	

2 - Adjectifs #2

```
K N O C D D S G E S O N D S
R U A T O O A O N T S N V T
A W C T Y W K O U C W K B E
G E R S U A X P C T N O E R
T P R O D U K T I E W E S K
I B K Z C D R O Ë I I B K S
G S U I W E R L P B E E R E
E E D R A M A T I E S G Y L
K R E A T I E W E K L A W E
S L A P E R I G K E E A E G
I N T E R E S S A N T F N A
V X E S G R W I L D E D D N
V H T R O T S N F E I E E T
O U T E N T I E K E R D G N
```

OUTENTIEKE	NATUURLIKE
BEKENDE	NUWE
KREATIEWE	PRODUKTIEWE
BESKRYWENDE	KRAGTIGE
BEGAAFDE	SUIWER
DRAMATIES	GESOND
ELEGANT	SOUT
TROTS	WILDE
STERK	DROË
INTERESSANT	SLAPERIG

3 - Exploration

```
R S K Q H O M U F C N P K N
M U Q W G P M I Q C O M U J
E W I L D E F T G X N O L D
I F D M W K F P E O T E T A
T A A L T W H U V L D D U K
N G B F P E W T A O E Q R T
G E V A R E I T A N K E E I
O F E X F G Q I R B K F R W
T E R R E I N N L E I N R I
L B R Z D C T G I K N U E T
S O E K E I C Q K E G W I E
I H A X K Q E K Y N A E S I
U I A F R S O R Z D O X V T
B E P A L I N G E D Z Z L G
```

AKTIWITEIT	ONBEKEND
DIERE	TAAL
OM TE LEER	VERRE
MOED	NUWE
KULTURE	GEVAARLIK
GEVARE	SOEKE
ONTDEKKING	WILDE
BEPALING	TERREIN
RUIMTE	REIS
UITPUTTING	

4 - Formes

```
T N Q K U R W E L P P Q P R
B N H S V X R L Y P R S X K
G H V K I V L L N B I E B E
F I O U E L E J H E S C R N
S P V B R N I E J Y M X V Q
F E A U K S F N L K A N T E
E R A S A C I J D H H O E K
E B L L N K X R C E O U P Z
R O O W T K A W K T R E J H
K O W W E T K U A E X S K G
E L E L L I P S N K L L N R
Ë R E G H O E K T V Q Z S V
L D R I E H O E K N I B U X
P I R A M I D E A U P C V V
```

LNR	ELLIPS
KANTE	HIPERBOOL
VIERKANTE	LYN
SIRKEL	OVAAL
HOEK	VEELHOEK
KURWE	PRISMA
KEËL	PIRAMIDE
KANT	REGHOEK
KUBUS	SFEER
SILINDER	DRIEHOEK

5 - Salle de Bains

```
P M Q T S N R Z T T S S S B
C P A R F U U M H O T P J S
V P E T B L O G R I O O A Y
L I I K E O J J X L O N M O
X V B R S T R J N E M S P S
X C Q A E I H R P T C P O M
S G S A D O M I E V S I E B
Q G G N X N E W I L U E S S
W F S L A L E E X Z S Ë E S
A G N H A N D D O E K L E T
T R G W K Q H J G B Ê H P O
E V D M M L X T S M R Y B R
R E B G Y P E Q R P P I X T
K H R N S A C V G X T P K R
```

BAD	PARFUUM
BORRELS	KRAAN
SKÊR	SEEP
STORT	HANDDOEK
WATER	SJAMPOE
SPONS	MAT
LOTION	TOILET
SPIEËL	STOOM

6 - Adjectifs #1

```
A E V Y A U A B S J G J W M
R U E Z U F M E T F O J R O
T B F R U I M L A G F N M D
I X E E L A H A D U N T G E
S M Z K A I I N I K Y N R R
T H W S T Z K G G E P C G N
I G R O O T K R F F Y E G E
E X B T A M B I S I E U S E
K G D I O Z P K L W G A R P
E I D E N T I E S E A Q R E
U O N S K U L D I G W A V R
X C D E A B S O L U T E R F
A A N T R E K L I K Q S S E
P R A G T I G E E O L M X K
```

ABSOLUTE	IDENTIESE
AMBISIEUSE	BELANGRIK
ARTISTIEKE	ONSKULDIG
AANTREKLIK	JONG
PRAGTIGE	STADIG
EKSOTIESE	SWAAR
GROOT	DUN
RUIM	MODERNE
EERLIK	PERFEK

7 - Instruments de Musique

```
Y C H A X H B V I O O L T F
T B H R W O A A G G Q C J L
X D L A C B N R L D B W E U
F A G O T O J G M G H W L I
S A K S O F O O N O D Z L T
J H V M R H T B S N N N O H
K L A V I E R A G G R I H Z
L I D R O M O S A V N X C M
A I R C P M M U Z P K S R A
R W W S G X B I M N U J O E
I E D D G Q O N K I T A A R
N M J C D D N M A R I M B A
E W O L T P E R K U S S I E
T A M B O E R Y N K I T N G
```

BANJO	PERKUSSIE
FAGOT	KLAVIER
KLARINET	SAKSOFOON
FLUIT	DROM
GONG	TAMBOERYN
KITAAR	TROMBONE
HARMONICA	BASUIN
HARP	VIOOL
HOBO	TJELLO
MARIMBA	

8 - Échecs

```
W S S L I M G X T T U N J K
I E T X I F K O N I N G O
T D D R T R E V E B T R T N
M I Z S A O G T R W D E E I
A A O P T T P J N O A Ë E N
K G B E K R E A O F G L N G
A O E L W L Y G O N I S S I
M N E D E J Y D I E N W T N
P A S S I E W E P E G A A F
I A P U N T E A Y Q S R N R
O L E X H L L Q T J T T D Y
E V L H O F F E R Y Y U E S
N U E Q Q T P L X O D Y R R
P A R O M T E L E E R H Z R
```

TEENSTANDER	SWART
OM TE LEER	PASSIEWE
WIT	PUNTE
KAMPIOEN	KONINGIN
WEDSTRYD	REËLS
UITDAGINGS	KONING
DIAGONAAL	OFFER
SLIM	STRATEGIE
SPEL	TYD
SPELER	TOERNOOI

9 - Herboristerie

```
K M Q C S S A F F R A A N B
B P I E T E R S I E L I E B
E L U H B G O X G Z A I T A
K K O G F E M R C G V M I S
R N V M F H A A V Y E A E I
U O O V J A T U I N N R M L
I F O N C L I K N I T J I I
S F R S E T E B K H E O E E
E E D F M E S D E D L L V K
M L E G M A E O L R G E U R
E V L R P H R C P A D I V U
N L I O T S I Y G G C N H I
T O G E A G P N N O P O P D
S J E N J K U L I N Ê R E T
```

KNOFFEL	MARJOLEIN
AROMATIESE	KRUISEMENT
BASILIEKRUID	PIETERSIELIE
VOORDELIGE	GEHALTE
KULINÊRE	ROOSMARYN
DRAGON	SAFFRAAN
VINKEL	GEUR
BLOM	TIEMIE
TUIN	GROEN
LAVENTEL	

10 - Véhicules

```
Z U S L F K I B A N D E B D
A Y T C D I F Y K T C N U U
R H R C O F E R R Y K J S I
T V C H B O O T U R T I K K
O M K F Y L T P S X P N A B
S Y I T C Z J E R M E T R O
A M B U L A N S R P N R A O
V R A G M O T O R Q D E V T
V L I E G T U I G U E K A O
B U O L V U U R P Y L K A F
Z M O T O R M R Q G I E N R
H E L I K O P T E R X R B A
M G A L K E Y I H G E M Z T
T A X I S W G D Z L H T J M
```

AMBULANS	ENJIN
VLIEGTUIG	PENDEL
BOOT	BANDE
BUS	VLOT
VRAGMOTOR	SCOOTER
KARAVAAN	DUIKBOOT
FERRY	TAXI
VUURPYL	TREKKER
HELIKOPTER	FIETS
METRO	MOTOR

11 - Camping

```
P D T L G E M M N A T U U R
T O U J A G B E R G X M X L
M O M Z I N S E K A A R T Q
H A E D A E T R R G W M E A
A X A R P E H E A Y X D N F
N S Z N U Z B F R B Z Z T T
G V M U K S A V O N T U U R
M U K A N O T K N U K W D U
A U X D M U C I D V O X I H
T R W Q E E D Z N Y M T E I
K A J U I T P A W G P L R R
E R D X G X C Q V W A H E C
V E W J V D Y D V K S O Q F
B P X H O E D B O S P N W S
```

DIERE	VUUR
AVONTUUR	BOS
KOMPAS	HANGMAT
KAJUIT	INSEK
KANO	MEER
KAART	LANTERN
HOED	MAAN
JAG	BERG
TOU	NATUUR
TOERUSTING	TENT

12 - Conservation

```
K L I M A A T N V G H V I A
O M G E W I N G O E H E G B
V G U F I U K Z L V A E E E
E E L Z E W W J H H M L Q S
K S R Y Z V A F O S P Z W O
O O I M N A T U U R L I K E
S N N K I T E N B H A U F D
I D C D L N R M A E A R N E
S H Z O E U D S R R G S A L
T E V X I R S E E W D M V I
E I O N H E W Q R I O O Y N
E D G R O E N Y J N D D N G
M H A B I T A T S L E I A J
O R G A N I E S E B R C Q I
```

KLIMAAT	NATUURLIKE
SIKLUS	ORGANIESE
VOLHOUBARE	PLAAGDODER
WATER	BESOEDELING
OMGEWING	HERWIN
EKOSISTEEM	VERMINDER
ONDERWYS	GESONDHEID
HABITAT	GROEN

13 - Écologie

```
G E M E E N S K A P P E Q V
S P E S I E S H Z G M C H O
F A U N A P N U V L A N Q L
N L F I O L Y L R O R W C H
M A O N B A N P Y B I Z M O
V R T R S N A B W A E K O U
M H B U A T T R I L N L O B
T R S Z U E U O L E E I R A
M Z O C Z R U N L A D M L R
B E R G E Q R N I O D A E E
M A R S H P L E G S R A W L
D I V E R S I T E I T T I V
R Q F T I C K W R W H I N G
D R O O G T E P S J J I G M
```

VRYWILLIGERS	MARSH
KLIMAAT	MARIENE
GEMEENSKAPPE	BERGE
DIVERSITEIT	NATUUR
VOLHOUBARE	NATUURLIKE
SPESIES	PLANTE
FAUNA	HULPBRONNE
FLORA	DROOGTE
GLOBALE	OORLEWING

14 - Astronomie

```
G F N F G Y A Q P E S S S A
Q G V K N E T V L Q T T T I
V U U R P Y L E A U E E E J
K O S M O S S R N I R R R M
A S T E R O Ï D E N R R R E
Z U C A U N N U E O E E E T
G P E B T K E I T X S W K E
M E A Y X R W S Q P T A U O
E R O A E A E T Z R E G N O
E N B V R G L E I D L S D R
J O P B O D D R N I S U I E
J V M A A N E I R B E V G V
W A F J F B Y N T T L Z E P
H E E L A L P G R W M Y X X
```

ASTEROÏDE	METEOOR
STERREKUNDIGE	NEWEL
LUG	STERREWAG
KOSMOS	PLANEET
VERDUISTERING	SONKRAG
EQUINOX	SUPERNOVA
VUURPYL	AARDE
STERRESTELSEL	HEELAL
MAAN	

15 - Types de Cheveux

```
Y  I  N  J  W  C  L  E  G  T  F  G  L  S
A  C  F  V  D  L  F  Q  E  O  C  E  L  I
P  S  D  I  K  O  R  T  V  O  W  K  G  L
M  A  W  H  R  O  F  X  L  Y  B  L  O  W
E  G  I  A  O  L  I  F  E  N  I  E  L  E
F  T  P  N  R  O  Y  L  G  I  T  U  W  R
M  E  U  H  B  T  V  I  P  E  F  R  E  J
D  K  R  U  L  L  E  R  I  G  E  D  N  G
G  X  V  W  I  T  M  D  R  O  Ë  E  D  E
B  R  U  I  N  D  P  Q  F  R  D  J  E  S
L  U  Y  Y  K  R  U  L  L  E  U  C  D  O
O  Z  S  S  L  A  P  C  A  N  N  U  M  N
N  E  L  A  N  K  K  A  A  L  V  I  L  D
D  M  G  X  X  Q  X  U  C  Q  C  N  A  V
```

SILWER	KRULLERIGE
WIT	GRYS
BLOND	LANK
KRULLE	BRUIN
BLINK	DUN
KAAL	SWART
GEKLEURDE	GOLWENDE
KORT	GESOND
SAGTE	DROË
DIK	GEVLEG

16 - Restaurant #1

```
J V Z C Z G K M E S Z T S K
J T P I P B O N E P A Z O O
F A H O E N D E R N E K U M
K E L N E R I N B R U O S B
O A P L A A T L V A Y F B U
S B H E E I J W L J K F E I
P R M G T R F O E S A I S S
R O T K F W G B I T S E P P
X O I N N Y I I S U S P R I
P D D E Z P W E E C I F E T
B E S T A N D D E L E D K T
D S N A G E R E G Z R C I I
B J X J F U C O N I R S N G
S E R V E T C E Y O F K G E
```

ALLERGIE	MENU
PLAAT	KOS
BAK	BROOD
KOFFIE	HOENDER
KASSIER	BESPREKING
MES	SOUS
KOMBUIS	KELNERIN
NAGEREG	SERVET
PITTIGE	VLEIS
BESTANDDELE	

17 - Mammifères

```
K J C S P F D F T C L O B G
F C O K H N O L I F A N T O
O K Y A E A L E E U L L B R
X A O P Z O F P E R D A F I
L N T E B O Y W K A I A Y L
L G E X U W N C A B O O A L
D A F P L H S A M L E A A A
S R W H G X U J E K V E I H
K O O C M A E S E H F I R S
B E L Q K M X E L E V Z S S
A W F O A D G B P H O N D V
O A Y T T I E R E H A S E A
J A K K A L S A R H W A V A
F Y F Q S Z E S D S Q O S P
```

WALVIS	HAAS
KAT	LEEU
PERD	WOLF
HOND	SKAPE
COYOTE	BEER
DOLFYN	JAKKALS
OLIFANT	AAP
KAMEELPERD	BUL
GORILLA	TIER
KANGAROE	SEBRA

18 - Sports

```
A F R I G T E R T S D G Y S
F T B A S K E T B A L A D T
I X L W T F A I W Q J H M A
E S K E I D S R E G T E R D
T P L N E G M I G A J X G I
S A X N L T H O L U X K I O
H N L E Z P B O F B A L M N
Q O J R K H G R L W V Y N C
D S K D C R L J T F B D A G
O P K K C S L E M F M I S Y
T E N N I S N W S P E L I C
Z L Z R B E W E G I N G U C
K E G I M N A S T I E K M X
X R K A M P I O E N S K A P
```

SKEIDSREGTER	GIMNASIUM
ATLEET	GIMNASTIEK
BOFBAL	HOKKIE
BASKETBAL	SPEL
KAMPIOENSKAP	SPELER
AFRIGTER	BEWEGING
SPAN	STADION
WENNER	TENNIS
GHOLF	FIETS

19 - Chocolat

```
S E K S O T I E S E Q D K G
A M D A M Z B I T T E R A U
Z M A Z I W E Z U B N S K N
L N B A T U C M Y K A O A S
E M F A K L A P P E R E O T
K P D M G J R B P X E T M E
K A K L E S O V M C S D Z L
E N L P U W M Q C Z E B O I
R W K O R G A A V Y P V W N
G M C E R N W W N X G B H G
O N Q I P I H E E R L I K E
E O L E I C E G E H A L T E
D W E R M C C Ë S U I K E R
K A R A M E L L I W P I G M
```

BITTER	EKSOTIESE
AROMA	GUNSTELING
AMBAGSMAN	SMAAK
LEKKERGOED	KLAPPER
KAKAO	POEIER
KALORIEË	GEHALTE
KARAMEL	RESEP
HEERLIKE	GEUR
SOET	SUIKER

20 - Mathématiques

```
R D V V M M C R R B V C Y P
E E J H E E O M T R E K E A
G U S O X E W V O E R L K R
H R I E V T L U B U G O S A
O S M K H K A H T K E O P L
E N M E A U H E O R L D O L
K E E T Z N G Y Q E Y R N E
B E T R A D I U S M K E E L
V E R H V E W E T K I G N O
D R I E H O E K A U N I T G
H D E V O L U M E V G X P R
V I E R K A N T E E V S G A
K H R E K E N K U N D E O M
D E S I M A L E X Z M B J M
```

HOEKE
REKENKUNDE
VIERKANTE
DESIMALE
DEURSNEE
EKSPONENT
VERGELYKING
BREUK
MEETKUNDE
PARALLELOGRAM

LOODREG
OMTREK
VEELHOEK
RADIUS
REGHOEK
SOM
SIMMETRIE
DRIEHOEK
VOLUME

21 - Mythologie

```
D O N D E R W E E R W G S H
G L N L K Y J U G A R U T E
H E L D U R E A P M A E E L
F G D T L X Y A L P A L R D
W E E R L I G G N O K E K I
M N R Y A H K F E D E F T N
O D K W B G E B M R V S E S
N E L Q I N O O A I G F I K
S M O O R T U I G I N G S E
T R W V I K S G I O Z O L P
E N M G N A R G E T I P E S
R K U L T U U R S P V W R E
S T E R F L I K E O R C S L
S K E P P I N G V S S O J Q
```

ARGETIPE	HELDIN
RAMP	HELD
GEDRAG	JALOESIE
SKEPPING	LABIRINT
SKEPSEL	LEGENDE
OORTUIGINGS	MAGIESE
KULTUUR	MONSTER
WEERLIG	STERFLIKE
STERKTE	DONDERWEER
KRYGER	WRAAK

22 - Restaurant #2

```
D W V V D W J X K T M T Y P
L A N I W R L A T A H Y T F
U T Y A S N A N Z A E V O Y
Q E S L A A I N T N E V Y Y
R R P U E X Q J K D R E Z K
O X E Q S Z M F Z E L F Y E
Y Q S S G R I U V T I V Y L
E X E G R H D S L E K R E N
V U R K O B D O E F E U J E
K S Y S E F A Q P Y W G C R
D O E L N B G A E K V T Q Z
B P E S T O E L L Y X E T P
L P D K E J T W E I E R S D
B X S O U T E N O E D E L S
```

DRANK	KOEK
STOEL	YS
LEPEL	GROENTE
MIDDAGETE	NOEDELS
HEERLIKE	EIERS
AANDETE	VIS
WATER	SLAAI
SPESERYE	SOUT
VURK	KELNER
VRUGTE	SOP

23 - Couleurs

```
L J P Q O L M N H E W S G Y
H O U W R R E D L Y X T C K
S E P I A B R U I N Y M D R
M Q E T N O X G Z O U M R U
P H R I J D D M I A F W O I
T I S T E S I A A N W U O D
K Y E I U G N G R O E N I F
F Z Z N K G X E O M B J E H
A Z B T K E V N T D H Y K K
Q U W E H E W T B L O U L S
U I D R I L W A P N C H G W
N W Y T V G Q B K S W A R T
W G X X H O E C V R X W Y F
F U C H S I A J C H Y K S V
```

BEIGE	BRUIN
WIT	SWART
BLOU	ORANJE
SIAAN	PIENK
FUCHSIA	ROOI
GRYS	SEPIA
INDIGO	GROEN
GEEL	PERS
MAGENTA	

24 - Avions

```
P S S M O P A S S A S I E R
N A V I G E E R K T A L Q D
B E M A N N I N G R V U L H
S B O T G J F R V T O G X K
U K X Z U I Z U E D F E V K
B L A A S N X Q O H M B W R
W A T E R S T O F R S R H E
G E S K I E D E N I S A O B
A V O N T U U R S G A N O A
L A N D I N G H B T F D G L
V L I E Ë N I E R I K S T L
U X Y C K E U T U N O T E O
A T M O S F E E R G M O X N
R N Y E F I H Q Y P S F I V
```

LUG	BLAAS
ATMOSFEER	HOOGTE
LANDING	SKROEWE
AVONTUUR	GESKIEDENIS
BALLON	WATERSTOF
BRANDSTOF	ENJIN
AFKOMS	NAVIGEER
RIGTING	PASSASIER
BEMANNING	VLIEËNIER

25 - Aventure

```
B C F F R V B V E J J S C U
P E K N E J M R Q V V K K I
R N S A I R K E X P E O N T
O R T T S W X U F D R O O S
B R Y U E W X G E J B N M T
L E Y U V M Z D D G A H W A
E I W R B H M E O M S E Y P
M S K V E I L I G H E I D P
E P G Z I V J L N P N D Z I
K L G B U G Q O Q G D C U E
N A V I G A S I E T D J U B
G N N U W E O N G E W O N E
N Q S S D A P P E R H E I D
E N T O E S I A S M E Y I U
```

SKOONHEID	REISPLAN
DAPPERHEID	VREUGDE
KANS	NATUUR
BESTEMMING	NAVIGASIE
PROBLEME	NUWE
ENTOESIASME	VEILIGHEID
UITSTAPPIE	VERBASEND
ONGEWONE	REIS

26 - Ville

```
R E S T A U R A N T L Z X R
U N I V E R S I T E I T X J
S U P E R M A R K Q C W Z G
S A L O N B S T A D I O N A
L Q H S Z Y L B E P X J T L
N N W T N B H O T E L B E E
B I B L I O T E E K N A A R
D R T Z B W E K M M Z N T Y
L U G H A W E W U A I K E L
N S K O O L O I S P M S R Q
K L I N I E K N E T A I T D
B A K K E R Y K U E R L J E
G J K V R M O E M E K E O B
T K W Y C X E L E K S G T A
```

LUGHAWE	MARK
BANK	MUSEUM
BIBLIOTEEK	APTEEK
BAKKERY	RESTAURANT
KLINIEK	SALON
SKOOL	STADION
BLOEMISTE	SUPERMARK
GALERY	TEATER
HOTEL	UNIVERSITEIT
BOEKWINKEL	

27 - Cuisine

```
L F K N S K E P L E P E L M
V E O V M O E K S Y S X U X
U H P O T P T F X J Y G T J
R F P E P C S Z B B R A A I
K G I G L K T O T E O O N D
E C E L S S O Z M L K M I V
V Y S H P P K R E K G E V O
J L E E E O K C S N C B R O
N H K O S N I O S Y W L I R
B Z U R E S E P E P W K E S
V A D A R Y S K A S H E S K
K K K Z Y S E R V E T T K O
O K U N E F D E K K E E A O
U J O B W W K U V C E L S T
```

EETSTOKKIES	VURKE
BAK	BRAAI
KETEL	SKEPLEPEL
VRIESKAS	KOS
MESSE	POT
BEKER	RESEP
LEPELS	YSKAS
SPESERYE	SERVET
SPONS	VOORSKOOT
OOND	KOPPIES

28 - Gentillesse

```
R B E T R O U B A A R P R L
B U G N U T T I G A Y A V I
A D I T D O M U D N S S E E
R A X M F M T S W D K I R F
M Y B J D D R I A A U Ë D D
H U E P S N B M F G S N R E
A A G A M N D Z U T T T A V
R V R I E N D E L I K E A O
T V I E F T F E A G S D G L
I G P U S O D R M A I B S L
G B K Z U P O L N S W M A E
E C X W J G E I Q V Y A A U
O T I I L R S K I R E E M O
G E L U K K I G F Y J P Z U
```

LIEFDEVOLLE	RUIM
VRIENDELIKE	GELUKKIG
AANDAGTIG	EERLIK
EG	GASVRY
BARMHARTIGE	PASIËNT
BEGRIP	RESPEK
SAGTE	VERDRAAGSAAM
BETROUBAAR	NUTTIG

29 - Corps Humain

```
N Y K K C I T L S W A D K B
M E S E G H D V T L F L V L
V L K N M Z Y I L I P P E O
I K N K B S C Q B K L H L E
N N K Z C Y Q I H X H M F D
G I W U U E L M B O O G D X
E E Q B K A K E B E E N E O
R W Y C H A R T R Z W N N S
O O R M A A G G E S I G K G
G I G D N Z A B H G E Y E X
D E R L D G M K R P M H L K
A X A Z P S K O U E R N G W
N E U S U Q J P N S I U F H
E B N W U P Q B I D Y N P Z
```

MOND	LIPPE
BREIN	HAND
ENKEL	KAKEBEEN
NEK	KEN
ELMBOOG	NEUS
HART	OOR
VINGER	VEL
MAAG	BLOED
SKOUER	KOP
KNIE	GESIG

30 - Épices

```
N E U T M U S K A A T L R G
D D Y R S I V A N I E L J E
A D X G R R C V W O Z S L M
U Z F Q G O X I Q S F F C M
S A F F R A A N W O K F D E
P A P R I K A K O M Y N E R
E V O I K A N E E L G U G L
P N U E A N G L M D V M E V
E S U U R Y P U Y F L H U G
R O Y I D S B I T T E R R N
C U B C E R D Z K E R R I E
P T I M M K O L J A N D E R
W V C F O T A P D F E Z Y M
U I M U M H E W T H W B Q B
```

SUUR	GEMMER
KNOFFEL	NEUTMUSKAAT
BITTER	UI
ANYS	PAPRIKA
KANEEL	PEPER
KARDEMOM	DROP
KOLJANDER	SAFFRAAN
KOMYN	GEUR
KERRIE	SOUT
VINKEL	VANIELJE

31 - Science

```
L N V M M O L E K U L E S Y
F A F E I P E B H H K K B O
O T B T N Y I Y Y H D S F M
S U J O E D S A V R X P B U
S U J D R V C H E M I E S E
I R K E A A F E I T E R X V
E J S A L F T N Y O U I L O
L G M U E O U O Q T G M Q L
H I P O T E S E R F C E M U
O R G A N I S M E I T N H S
K D E E L T J I E S U T Y I
P A K L I M A A T I X M P E
Z T S W A A R T E K R A G B
B A G J G C S P O A T O O M
```

ATOOM	HIPOTESE
CHEMIESE	LABORATORIUM
KLIMAAT	METODE
DATA	MINERALE
EKSPERIMENT	MOLEKULES
EVOLUSIE	NATUUR
FEIT	ORGANISME
FOSSIEL	DEELTJIES
SWAARTEKRAG	FISIKA

32 - Vêtements

```
L D K H G F I M P A S Z N J
H G F E L O N F K S K R X Z
O A B M O R R H R M O D E C
E R L P B Y Y D K D E P C U
D M O S T A P P E M N Q F M
B B E G S R O K W L O O B O
A A S K A N P A J A M A S X
A N W O N K O H G F I A B V
D D M V D S E E T B X N X D
J H B J A S W S R R H T G E
I Y E D L I B W U O I R J N
E L W X E O C C I E B E E I
V T M Q L S E R P K Y K A M
H A N D S K O E N E H R K L
```

ARMBAND	ROK
GORDEL	JAS
HOED	MODE
SKOEN	BROEK
HEMP	TRUI
BLOES	PAJAMAS
HALSSNOER	AANTREK
SERP	SANDALE
HANDSKOENE	BAADJIE
DENIM	

33 - Arts Visuels

```
T U A R G I T E K T U U R H
S K E P P I N G S E S H V L
K U N S T E N A A R Z O V P
R P M E E S T E R S T U K E
Y P Q S S R E R S K B T F N
T B G P K P S S W F L S D N
B Q N E O I W Q E I R K R L
B C F H X T L D M L W O K K
V E R N I S L D G M N O L D
P O R T R E T O E M W L E U
K E R A M I E K O R U I I D
T W F W E J K T Q D Y T T K
S A M E S T E L L I N G T A
I S P E R S P E K T I E F Z
```

ARGITEKTUUR	KRYT
KLEI	POTLOOD
KUNSTENAAR	SKEPPINGS-
KERAMIEK	FILM
HOUTSKOOL	SKILDERY
MEESTERSTUK	PERSPEKTIEF
ESEL	PORTRET
WAS	PEN
SAMESTELLING	VERNIS

34 - Méditation

```
W G T Z N J W V V P G M V A
H A L H H F J U P O E U R S
Z E K H A V T S L S E S E E
M U N K K A L M K T S I D M
C B E W E G I N G U T E E H
G H D E E R N I S U E K V A
E A A N D A G C D R L N M L
D A N K B A A R H E I D E I
A V A S T I L T E X K U M N
G I T L F O E M P P E A O G
T H U G E W O O N T E S S L
E H U P P A K Y D L H I I X
P E R S P E K T I E F Y E S
D U I D E L I K H E I D S U
```

AANDAG	GEESTELIKE
KALM	BEWEGING
DUIDELIKHEID	MUSIEK
DEERNIS	NATUUR
GEDAGTE	VREDE
EMOSIES	PERSPEKTIEF
WAKKER	POSTUUR
DANKBAARHEID	ASEMHALING
GEWOONTES	STILTE

35 - Littérature

```
V V A N A L I S E B F Z D C
G E D I G R C I A E T F I Y
R R R P I X J G N S B M O Z
Y G B T E M A N E K D O T E
M E O H E F Y F A R P R C A
E L E J Z L M X T Y B E J N
H Y K P F U L T L W I O H A
D K V Z O D X E T I O N O L
G I A L E Ë S O R N G R U O
C N A L L T T P S G R I T G
C G C L B E Y I J S A T E I
F A E F O N L N E Q F M U E
K C L U H O F I K S I E R L
S M F L R E G E S J E J H K
```

ANALOGIE	VERTELLER
ANALISE	OPINIE
ANEKDOTE	GEDIG
OUTEUR	POËTIESE
BIOGRAFIE	RYM
VERGELYKING	BOEK
BESKRYWING	RITME
DIALOOG	STYL
FIKSIE	TEMA

36 - Nourriture #1

```
I  J  T  M  F  F  B  B  Q  P  H  D  S  G
B  B  C  J  J  N  U  O  S  X  G  G  P  M
K  A  U  T  S  R  E  O  W  K  W  P  I  S
A  T  S  A  P  Z  H  V  V  U  O  U  N  O
N  A  I  I  K  J  O  Y  G  A  R  S  A  P
E  B  R  W  L  O  O  O  I  S  T  L  S  V
E  J  G  B  W  I  R  A  A  P  E  A  I  L
L  K  V  Z  E  M  E  L  K  W  L  A  E  E
P  E  E  R  B  I  E  K  O  F  F  I  E  I
H  U  V  E  T  N  P  L  R  C  P  I  Q  S
A  K  R  S  O  U  T  C  S  U  I  K  E  R
X  F  S  X  X  I  N  O  L  S  I  L  U  D
K  N  O  F  F  E  L  A  B  X  X  D  C  V
S  U  U  R  L  E  M  O  E  N  R  X  D  Y
```

KNOFFEL	RAAP
BASILIEKRUID	UI
KOFFIE	GARS
KANEEL	PEER
WORTEL	SLAAI
SUURLEMOEN	SOUT
SPINASIE	SOP
AARBEI	SUIKER
SAP	TUNA
MELK	VLEIS

37 - Jours et Mois

```
Z W R S E P T E M B E R O A
S O E F E B R U A R I E K U
O N M E W D B Q A Z Q W T G
S O T A K D A P R I L V O U
A V R W A O B Y T E J N B S
T E W O E N S D A G W C E T
E M S V O D D I R G B K R U
R B O R Q E M A A N D A G S
D E N Y B R J U N I E L F W
A R D D A D F U U X X E E C
G L A A O A Y C L Z T N F N
M T G G D G Q U W I U D U Y
D I N S D A G S B L E E N L
J A N U A R I E O F W R I B
```

AUGUSTUS	DINSDAG
APRIL	MAART
KALENDER	WOENSDAG
SONDAG	MAAND
FEBRUARIE	NOVEMBER
JANUARIE	OKTOBER
DONDERDAG	SATERDAG
JULIE	WEEK
JUNIE	SEPTEMBER
MAANDAG	VRYDAG

38 - Championnat

```
K A M P I O E N S K A P G T
K U I T H O U V E R M O Ë O
V A F R I G T E R Y Y V N E
W M M P R E S T A S I E Z R
F O S P E L E T J I E S V N
S T S D I K R H V L I G A O
P I W S P O R T D C S E Y O
A V E O H M E D A L J E C I
N E E C I W G N A V F F R Q
T R T N Y P T F I N A L I S
P I O N G H E F C C X R A R
I N H O K A R E R W J Q J R
H G S T R A T E G I E U W Z
W V Z O O R W I N N I N G Q
```

KAMPIOEN	MEDALJE
KAMPIOENSKAP	MOTIVERING
UITHOUVERMOË	PRESTASIE
AFRIGTER	SPORT
SPAN	STRATEGIE
FINALIS	TOERNOOI
SPELETJIES	SWEET
REGTER	OORWINNING
LIGA	

39 - Pirates

```
P N N M Y U J C M O B S P O
K B B E M A N N I N G W G O
K P V A V O N T U U R A E Z
O A L V Y P U G O I O A I O
K P A K X H D L S G T R L F
A E G R S A N K E R K D A O
P G O U T Q Q E A G T E N Z
T A U M R B N I A M E G D O
E A D E A S M X N L O N U G
I I H U N K L M U N T E D Z
N B F T D A K E L B S Y E E
C M Z W F T R U G Y O Y N W
N Z H V F A L I T T E K E N
G E V A A R Y B Q P E U T Q
```

ANKER	EILAND
AVONTUUR	LEGENDE
KAPTEIN	SLEGTE
KAART	OSEAAN
LITTEKEN	GOUD
GEVAAR	PAPEGAAI
VLAG	MUNTE
SWAARD	STRAND
BEMANNING	RUM
GROT	SKAT

40 - Activités

```
H A N D W E R K K D O E F O
S B Q U D T O W E R K U N S
N P H L P V A I R K Q V A I
A P E O N T S P A N N I N G
A L L L W M U M M A S S N S
L E G E E R V O I B R V R K
D S X S E T C H E R X A I I
W I Z W N S J J K C I N B L
E E K U N S A I F Q O G Y D
R R Z W T Q G O E D A N S E
K A M P E E R S W S R H W R
A K T I W I T E I T L W B Y
T U I N M A A K S T A P U P
Z L G M U L K B E L A N G E
```

AKTIWITEIT	TUINMAAK
KUNS	SPELETJIES
HANDWERK	LEES
KAMPEER	ONTSPANNING
KERAMIEK	TOWERKUNS
JAG	SKILDERY
NAALDWERK	VISVANG
DANS	PLESIER
BELANGE	STAP

41 - Fleurs

```
Q G L I L A U O R G I D E E
A F D P L U M E R I A Y P I
A X U L E N E H D O J J A A
H R W K L A W E R Q S E P I
D Q Z P I O E N C R W E A B
F G W X E K W C I L V C W L
M A D E L I E F I E Y U E O
M A J A S M Y N X T B W R M
L F G P A S S I E B L O M B
T H J N S O N N E B L O M L
T U P B O E K E T O U S C A
N V L F M L A V E N T E L R
B Y C P K H I B I S K U S E
E M R M O S G A R D E N I A
```

BOEKET	PASSIEBLOM
GARDENIA	PAPAWER
HIBISKUS	BLOMBLARE
JASMYN	PIOEN
LAVENTEL	PLUMERIA
LILA	ROSE
LELIE	SONNEBLOM
MAGNOLIA	KLAWER
MADELIEFIE	TULP
ORGIDEE	

42 - Nourriture #2

```
B A A S B X V I S A D H L D
R K P C F Y R H J M K Z U R
O E I P Y Z S Z O A F Q W U
C R E C E I E E K N H N Q I
C S S A H L S I O D B J H W
O I A E O A A E L E I E R E
L E N O E S M R A L T N S R
I D G T N E P V D X N K R K
K Y R T D L I R E T U U Y B
I O V I E D O U C T G C S R
W J R L R E E G B T Z B F O
I I W I Z R N I P C M R U O
K C C V N Y T F R Q M R E D
H E M A N G O T A M A T I E
```

AMANDEL	KIWI
EIERVRUG	MANGO
PIESANG	EIER
KORING	BROOD
BROCCOLI	VIS
KERSIE	APPEL
SELDERY	HOENDER
SAMPIOEN	DRUIWE
SJOKOLADE	RYS
HAM	TAMATIE

43 - Océan

```
R M S F J T C K F E E X O H
G O L W E U X V P P W U R S
M I T Q C N H S W A L V I S
H G A R N A L E K L P I N P
C E J E L L I E V I S S Z O
S T O R M M K W H N L P U N
S O U T E B P I K G Y P H S
B B R N G S L E O R I F A H
X O E S T E R R R R A G A D
J G O S J E I E A I G P I O
X M V T Y K N H A Z X V R L
L E L X Z A A U L G Y B H F
P A N Z C T M J V L X I I Y
T P D Y A P X N J T K H T N
```

SEEWIER	JELLIEVIS
PALING	VIS
WALVIS	SEEKAT
BOOT	HAAI
KORAAL	RIF
KRAP	SOUT
GARNALE	STORM
DOLFYN	TUNA
SPONS	SKILPAD
OESTER	GOLWE

44 - Remplir

```
S R Z A L L W E P A K K I E
Z Z G I D S X M A N D J I E
Y I A E B K V M J L V A T O
U E M A F I A E I I M N C A
M Y F N H N A R W B A B I K
Z C F D J K R A T A T M P K
N Z B D V B T N Y D H S K O
V C Q R E O U R X O I Z A E
O J K U X R I S U U H D R V
L G E A S D G Q Z A C R T E
Y A P N L A Z B V P F M O R
T O A Y V C K B S T O S N T
A B U I S J R R B O T T E L
S B O K S V A A S Y Z F B N
```

BAD
VAT
BOKS
BOTTEL
KRAT
KARTON
GIDS
KOEVERT
VAARTUIG
MANDJIE

PAKKIE
SKINKBORD
POT
SAK
EMMER
LAAI
BUIS
TAS
VAAS

45 - Ballet

```
R C H O R E O G R A F I E D
I T E G N I E K W R O M A A
T A I N T E N S I T E I T N
M E K S P R E S S I E W E S
E C E G E B A A R S I I K E
B Z V R B X Z N V T M L E R
K Z O A S A Y X H I U O N S
P Y A S R O L I B E S T Y L
D A C I V U L L A K I N V G
S P I E R E J O E E E K J E
S A L U O R K E S R K U J H
D F L S K O M P O N I S Z O
F Z D E A P P L O U S N Z O
R E P E T I S I E R J M A R
```

APPLOUS
ARTISTIEKE
BALLERINA
CHOREOGRAFIE
KOMPONIS
DANSERS
EKSPRESSIEWE
GEBAAR
GRASIEUSE
INTENSITEIT

SPIERE
MUSIEK
ORKES
GEHOOR
REPETISIE
RITME
SOLO
STYL
TEGNIEK

46 - Fruit

```
P  I  E  S  A  N  G  O  K  I  W  I  M  A  R
R  Y  W  S  B  Y  S  R  O  T  T  O  C  V
U  E  N  N  K  X  U  A  E  S  E  O  X  O
I  K  P  A  G  S  U  N  J  P  W  D  H  K
M  T  V  F  P  K  R  J  A  A  R  R  M  A
A  J  Z  T  O  P  L  E  W  N  A  U  H  D
N  P  P  Q  C  N  E  B  E  S  S  I  E  O
G  E  P  E  S  K  M  L  L  P  G  W  D  O
O  R  A  E  E  E  O  D  F  E  I  E  X  E
R  S  P  L  L  R  E  X  X  K  M  E  U  Z
V  K  A  C  T  S  N  Z  Q  B  O  C  I  C
I  E  J  J  A  I  F  R  A  M  B  O  O  S
G  P  A  Q  N  E  K  T  A  R  I  E  N  V
A  P  P  E  L  K  O  O  S  L  B  T  B  O
```

APPELKOOS	KIWI
PYNAPPEL	MANGO
AVOKADO	NEKTARIEN
BESSIE	ORANJE
PIESANG	PAPAJA
SPANSPEK	PERSKE
KERSIE	PEER
SUURLEMOEN	APPEL
FRAMBOOS	PRUIM
KOEJAWEL	DRUIWE

47 - Surf

```
A W M A A G O S E A A N S G
S V E G T O A X F S T Y L E
J N X E N L F W J K K X U W
Z D Y N R F E H W A A F L I
S T R A N D F E S R M L X L
U I T E R S T E T E P Y A D
S T E R K T E I G S I M T E
C O J A N Y E X N R O Y O R
S W S K T X K U R J E Q O G
R Q P F N F F L K O N E K Z
A A W R N Y V S P O E D F T
I T O P E X A J W N G I R B
S K U I M T P C S R T A I S
X I M O B E G I N N E R F Z
```

PRET	SKUIM
ATLEET	OSEAAN
KAMPIOEN	STRAND
BEGINNER	GEWILDE
MAAG	RIF
UITERSTE	STYL
STERKTE	GOLF
SKARES	SPOED
WEER	

48 - Technologie

```
X  S  A  G  T  E  W  A  R  E  S  P  C  R
F  R  M  Q  H  Z  O  K  A  M  E  R  A  E
I  R  P  O  L  E  S  E  R  D  K  S  G  K
T  N  B  V  Ê  K  H  F  F  Q  U  T  R  E
S  Y  T  K  E  N  B  L  O  G  R  A  E  N
W  Y  S  E  R  D  K  K  N  Q  I  T  P  A
O  B  B  X  R  M  L  N  T  W  T  I  E  A
W  P  D  M  S  N  F  T  U  C  E  S  P  R
V  I  R  U  S  K  E  Y  A  G  I  T  Y  M
L  Z  Q  X  D  S  E  T  F  N  T  I  C  E
F  S  M  K  L  D  R  R  V  F  U  E  G  R
B  O  O  D  S  K  A  P  M  Y  X  K  G  T
N  I  W  T  V  I  R  T  U  E  L  E  U  K
D  I  G  I  T  A  L  E  A  V  T  S  T  B
```

BLOG	LESER
KAMERA	DIGITALE
WYSER	GREPE
DATA	REKENAAR
SKERM	FONT
LÊER	SEKURITEIT
INTERNET	STATISTIEKE
SAGTEWARE	VIRTUELE
BOODSKAP	VIRUS

49 - Comédie

```
I E K S P R E S S I E W E A
L M O X W Y M E M F J Z G F
W A P P L O U S Q N W V U R
T K G R A P P I E S K S Q S
R M K T O U K B U J B L A G
O K M S E V X K R D H I K E
Q F N U F L I L V Q U M T H
Q A I R X G E S U A M U E O
G E N R E S Z V A I O L U O
O S N A A K S Q I S R R R R
X T P A R O D I E S I N F I
B G J P R E T A J W I E M V
F V U G Y R W B V P Y E E H
A K T R I S E T E A T E R E
```

AKTEUR	HUMOR
AKTRISE	IMPROVISASIE
PRET	SLIM
APPLOUS	PARODIE
GRAPPIES	GEHOOR
NARRE	LAG
SNAAKS	TELEVISIE
EKSPRESSIEWE	TEATER
GENRE	

50 - Météo

```
O  I  O  I  L  C  W  E  D  O  D  T  Z  U
M  R  M  I  S  S  T  O  R  M  D  E  W  Z
M  R  K  L  U  G  O  Q  L  V  O  M  I  N
U  R  A  A  R  B  R  V  T  K  N  P  N  G
G  A  L  Y  A  R  N  G  D  A  D  E  D  T
U  T  M  W  T  N  A  U  V  K  E  R  G  R
R  M  N  V  Y  V  D  T  L  L  R  A  F  O
P  O  L  Ê  R  E  O  Q  O  I  W  T  E  P
W  S  D  R  O  O  G  T  E  M  E  U  P  I
R  F  Y  Y  Y  J  B  T  D  A  E  U  Y  E
E  E  C  D  E  A  A  P  N  A  R  R  Y  S
Ë  E  I  W  A  X  Z  K  Q  T  G  O  G  S
N  R  E  Ë  N  B  O  O  G  I  C  C  F  E
C  J  Q  N  P  A  V  Y  Y  D  R  O  O  G
```

REËNBOOG	ORKAAN
ATMOSFEER	POLÊRE
MIS	DROOG
KALM	DROOGTE
LUG	TEMPERATUUR
KLIMAAT	STORM
YS	DONDERWEER
VLOED	TORNADO
REËN	TROPIES
WOLK	WIND

51 - Châteaux

```
E X V O D R A A K R Y K B W
W A E K I V J I D N P T E Z
F Z S T N P F R Y I R O T Q
X N T L A O E E D C I R P D
P R I N S E S D O G N I E P
A U N R T U O B E D S N R K
L S G U I X K P B L A G D A
E C M L E R I D D E R L P T
I A W U I G C R Q S K C E A
S F Y O U L M J U E L I O P
K R O O N R C B U F F E L U
I P T P K O N I N K R Y K L
L S W A A R D L L H O C H T
D W A P E N R U S T I N G A
```

WAPENRUSTING	FEODALE
SKILD	VESTING
KATAPULT	BUFFEL
PERD	MUUR
RIDDER	EDEL
KROON	PALEIS
DRAAK	PRINS
DINASTIE	PRINSES
RYK	KONINKRYK
SWAARD	TORING

52 - Randonnée

```
V S W N J T Z S I T L B B S
O T G A H W F Z C S D E E N
O E I T T C T Z M O W R R I
R W D U W E E R S N F A G L
B E S U I U R K L I M A A T
E L E R L K A A R T O D I R
R S L Z D K L I P P E R M D
E C V R E A Q Y H A G H B B
I D F C X M M Z S Q R D N Q
D I E R E P A X Y U S K F S
I P H V I E P E X R R J E X
N U K V N E M F P L Q R B U
G U V Q O R I Ë N T A S I E
K R A N S R D Q B U D Z C T
```

DIERE	WEER
STEWELS	BERG
KAMPEER	NATUUR
KAART	ORIËNTASIE
KLIMAAT	PARKE
WATER	KLIPPE
KRANS	VOORBEREIDING
MOEG	WILDE
GIDSE	SON
SWAAR	BERAAD

53 - Art

```
O U I T D R U K K I N G D U
N S K I L D E R Y E L G D Z
D K C G E Ï N S P I R E E R
E E J O U A J E E B O G B F
R P F I G U U R R P U R D E
W K O M P L E K S Z Q I A H
E C R T E E N V O U D I G E
R S B E E L D H O U W E R K
P S I M B O O L N I P P P J
E E R L I K X E L Y L O P P
U I T B E E L D I N G Ë T V
K E R A M I E K K V G S I H
D Q S A M E S T E L L I N G
S U R R E A L I S M E E E D
```

KERAMIEK	GEÏNSPIREER
KOMPLEKS	SKILDERYE
SAMESTELLING	PERSOONLIKE
SKEP	POËSIE
UITBEELDING	BEELDHOUWERK
UITDRUKKING	EENVOUDIGE
FIGUUR	ONDERWERP
EERLIK	SURREALISME
BUI	SIMBOOL

54 - Nutrition

```
S O U S F K G B X P C L D G
P D G I E O U I H Z H W X E
E F E N R O Y T F O I F G B
S P W E M L F T U S W K O A
E R I D E H R E T T T P S L
R O G B N I D R J Q C O Y A
Y T D M T D G I N R O D F N
E E T B A R E E E T L U S S
Q Ï A E S A S J H E Y X L E
G E U R I T O I G A T B O E
W N T L E E N B G U L A Y R
G E P B C S D P Q V A T P D
V L O E I S T O W W E C E E
K A L O R I E Ë D M D N O W
```

BITTER
EETLUS
KALORIEË
EETBARE
DIEET
SPESERYE
GEBALANSEERDE
FERMENTASIE
KOOLHIDRATE

VLOEISTOWWE
GEWIG
PROTEÏENE
GEHALTE
GESOND
SOUS
GEUR
GIFSTOF

55 - Science Fiction

U	V	F	A	N	T	A	S	T	I	E	S	S	I
I	N	U	U	T	O	P	I	E	T	Q	W	T	L
T	I	T	U	X	O	A	T	O	O	M	V	E	L
E	O	M	X	R	Y	R	Z	Q	J	P	T	R	U
R	O	N	T	P	L	O	F	F	I	N	G	R	S
S	Y	G	I	Q	F	B	O	E	K	E	T	E	I
T	E	G	N	O	L	O	G	I	E	O	E	S	E
E	M	V	X	R	P	T	R	J	C	L	A	T	O
R	E	A	L	I	S	T	I	E	S	E	T	E	R
K	P	K	A	F	H	E	E	L	A	L	E	L	A
F	U	T	U	R	I	S	T	I	E	S	R	S	K
F	N	P	L	A	N	E	E	T	F	W	P	E	E
D	E	N	K	B	E	E	L	D	I	G	E	L	L
C	S	P	M	B	S	C	E	N	A	R	I	O	V

ATOOM	BOEKE
TEATER	HEELAL
ONTPLOFFING	ORAKEL
UITERSTE	PLANEET
FANTASTIES	REALISTIESE
VUUR	ROBOTTE
FUTURISTIES	SCENARIO
STERRESTELSEL	TEGNOLOGIE
ILLUSIE	UTOPIE
DENKBEELDIGE	

56 - Vertus #1

```
P D O E L T R E F F E N D B
A S J A R M A N T W H G D E
S R P M X L W W O R U I M S
I N T E L L I G E N T E V K
Ë M G I E V C B O U A B N E
N Q B E S L I S S E N D U I
T P R A K T I E S E Y G U E
W R G V O I I I Q U G J S F
N Y S T O A H E A P S U K W
M X S N N F X H K G O E I E
F Z Q E U S D Y C E Z B E D
O N A F H A N K L I K D R K
P K P A S S I E V O L X I J
S N A A K S N U T T I G G O
```

ARTISTIEKE
GOEIE
SJARMANT
NUUSKIERIG
BESLISSEND
SNAAKS
DOELTREFFEND
RUIM
ONAFHANKLIK

INTELLIGENTE
BESKEIE
PASSIEVOL
PASIËNT
PRAKTIESE
SKOON
WYSE
NUTTIG

57 - Professions #1

```
V D A N S E R E M F R J A B
B E J Y P R O K U R E U R R
D A R A G T I L S G D W Q A
C R N P G J K S I E A E R N
M Z F K L T D R K O K L X D
U Z Q B I E E I A L T I A W
Y V G M Q E E R N O E E F E
P I A N I S R G T O U R R E
V E E A R T S E S G R Z I R
F X L O O D G I E T E R G M
U P K E Q R D O K T E R T A
S I E L K U N D I G E R E N
K A R T O G R A A F K V R K
W E T E N S K A P L I K E K
```

PROKUREUR	VERPLEEGSTER
BANKIER	DOKTER
JUWELIER	MUSIKANT
KARTOGRAAF	PIANIS
JAGTER	LOODGIETER
DANSER	BRANDWEERMAN
AFRIGTER	SIELKUNDIGE
REDAKTEUR	WETENSKAPLIKE
GEOLOOG	VEEARTS

58 - Géologie

```
S P K A L S I U M K L I P F
E O C O W B L Z M O T S G O
B R N N H C N S D N X W E S
D N Z E E P N T J T K Q S S
L A A G S Q O A G I C G M I
K R I S T A L L E N G R E E
W H I Q T P Y A Y E K O L L
A H Q Q C L U K S N O T T M
R S O U T A O T E T R A E U
T S I P Q V J I R M A Q R M
S J S Y T A G E P L A T O K
V U L K A A N T O W L B S C
O K U M X R W I F G S I I G
A J L R M I N E R A L E E N
```

SUUR	GEYSER
KALSIUM	LAVA
GROT	MINERALE
KONTINENT	KLIP
KORAAL	PLATO
LAAG	KWARTS
KRISTALLE	SOUT
EROSIE	STALAKTIET
GESMELTE	VULKAAN
FOSSIEL	SONE

59 - Cirque

```
T I E R R Y D K W C B K E O
E O U C B B I Y O Z G C E V
N N W E U L E E U S T B V G
T F Y E I I R G X T T M X X
L L G V N K E B V R B U V M
A E Y X C A Q W H U A V U P
A K R O B A A T Y S L E N M
A K T L N R E R E S L R A K
P E U I P T C P K J O M R T
A R Q F L J S C K X N A P B
R G Y A C I Q I F B N A B L
A O Z N C E M U S I E K Y D
D E P T S T O E S K O U E R
E D T O W E R K U N S Z F B
```

AKROBAAT	TOWENAAR
DIERE	TOWERKUNS
BALLONNE	WYS
KAARTJIE	MUSIEK
LEKKERGOED	PARADE
NAR	AAP
KOSTUUM	TOESKOUER
VERMAAK	TENT
OLIFANT	TIER
LEEU	

60 - Jardin

```
B A V H F R S Y G V L B V F
G O V W U L T L R A R B H F
G U S S Z S O U A E Z M L F
A R D G J A E L S N L I Q J
R O A O H Q P H A N G M A T
A N M S O M I X L Y D R S R
G K Z Z P H A R K W C R A A
E R N H T E R R A S B L O M
J U L G R I R B O O R D T P
U I M Q V N G K L T B D I O
U D X Z Q I R X E F O V K L
D V X I C N O G D W O M G I
T U I N O G N V Z W M F L E
U G R A A F D L Q B A N K N
```

BOOM	ONKRUID
BANK	GRAAF
BOS	GRASPERK
HEINING	STOEP
DAM	HARK
BLOM	GROND
GARAGE	TERRAS
HANGMAT	TRAMPOLIEN
GRAS	SLANG
TUIN	BOORD

61 - Barbecues

```
C J O B X R K S M W A R M I
X M F P R F E O V U G R I U
S O M E R A H U H M S H H I
J L C P Y M A T O R O I O E
L C P E R I U I N D U G E Q
K M H R A L V V G R S Q N K
T I J C A I P R E H B Q D Z
A D N I N E Z V R U G T E M
M D Y D D G R O E N T E R E
A A S P E L E T J I E S H S
T G H R T R M L P G Z K P S
I E W K E K S L A A I E O E
E T S V U Q F A K Z E B N K
S E R M I C H S Q V Z R T R
```

WARM	SPELETJIES
MESSE	GROENTE
MIDDAGETE	MUSIEK
AANDETE	UIE
KINDERS	PEPER
SOMER	HOENDER
HONGER	SLAAIE
FAMILIE	SOUS
VRUGTE	SOUT
BRAAI	TAMATIES

62 - Anniversaire

```
P T G C O B Z T B G S K H R
J R Q E L J M S M E D A S V
O D E B S U V F K L J A A R
N E U T U K R W S U E R G I
G V B Y Y S E M L K K T D E
C I T D H P U N L K A E R N
G E B O R E G F K I L I E D
F R Q E H S D N H G E Y A E
R I A M Q I E U P U N M A J
T N A Y L A V S O G D K R I
O G I T U A O W K O E K J C
O J B F P L L Q I W R W D Q
O M T E L E E R K E R S E G
R Y J W Y S H E I D K O V R
```

VRIENDE	KOEK
PRET	GELUKKIG
JAAR	JONG
OM TE LEER	DAG
KERSE	VREUGDEVOL
GESKENK	GEBORE
KALENDER	WYSHEID
KAARTE	SPESIAAL
LIED	TYD
VIERING	

63 - Animaux de Compagnie

```
M K O E I X O S T E R T H V
H L Q X V F K K R A A G O E
A O A A T L E I B A N D N E
J U H K Z A T L V H O N D A
H E L A K J I P I C Z C J R
K A T Y M E E A S W K D I T
A M A D U S D D Y B O K E S
T E S S I X T I Q U S D M X
J U K T S C U E S F R V D M
I C M L W A T E R I O J Z R
E H I G E S U T K C G K W X
V O W X L K Z P A S U O E N
E E K B R X H K I H S G D Y
P A P E G A A I J Z O D P R
```

KAT	HAAS
KATJIE	AKKEDIS
BOK	KOS
HOND	PAPEGAAI
HONDJIE	VIS
KRAAG	STERT
WATER	MUIS
KLOUE	SKILPAD
HAMSTER	KOEI
LEIBAND	VEEARTS

64 - Forêt Tropicale

```
K L I M A A T G M G F O Y G
Z X A D W I Y F N E X U F T
D N Q B O K O D X M K G P X
A I H T L B O R G E B O E H
M U V O K I I N H E E M S E
F T Z E E T L E P N W K S R
I U P V R V Z S B S A S U S
B W K L N S O W V K R P V T
I H F U O A I Ë A A I E R E
E B A G U O T T L P N S E L
Ë H D M J B A U E S G I S B
I N S E K T E A U I N E P M
S O O G D I E R E R T S E O
B O T A N I E S E F I F K S
```

AMFIBIEË	MOS
BOTANIESE	NATUUR
KLIMAAT	WOLKE
GEMEENSKAP	VOËLS
DIVERSITEIT	BEWARING
SPESIES	TOEVLUG
INHEEMSE	RESPEK
INSEKTE	HERSTEL
SOOGDIERE	

65 - Insectes

```
V L O O I Z P G N M M S P P
S P R I N K A A N A U K L E
K C F R O N E E F N S O A R
R I B W L W T M G T K E N D
K C C Y T U C I G I I N T E
K A K K E R L A K S E L L B
L D I N R M P A F Z T A U Y
A A K J M I U F R F V P I Y
D B N J I E C G G W K P S T
Y M J C E R J L G N E E N P
B I L C T N H G C I W R C O
U N Z O Z R U Y N H E R G S
G E D N A Z J M M Q R G A Q
N A A L D E K O K E R G F S
```

BYE	MUGGIE
KAKKERLAK	MUSKIET
CICADA	SKOENLAPPER
LADYBUG	VLOOI
MIER	PLANTLUIS
PERDEBY	SPRINKAAN
LARWE	KEWER
NAALDEKOKER	TERMIET
MANTIS	WURM

66 - Ferme #1

```
K W K R A A I Q H T W L H K
U L A N D B O U O Z Z D E A
N L P T I U M B E T M M I L
S Y I I E V W L N C G C N F
M T J P L R F Q D V P M I H
I V Z O L J R L E F E C N E
S B I S O N L D R D R L G U
H G G H P Q H O N D D L D N
D U O P I R M N L B C R K I
W A D M N O K K K A T B U N
O B H U H O O I J S G O D G
P R Y S U L E E I S A K D R
O H N E A N I E S E C N E R
A L B V B G Z I I Y L X M Z
```

BYE	KRAAI
LANDBOU	WATER
DONKIE	KUNSMIS
BISON	HOOI
VELD	HEUNING
KAT	HOENDER
PERD	RYS
BOK	KUDDE
HOND	KOEI
HEINING	KALF

67 - Escalade

```
K N U S E R Y G G P J J M U
E X I X H S N A J H L W T M
N D T E R R E I N K E Y X B
N N D Z W H R S M C A L L Y
E E A T M O S F E E R A M C
R B G R Y O T A P R T U R S
W E I S W G A G Q F V E F T
K S N P E T P F I S I E S E
G E G Y V E C F W R S R Y W
N R S T E R K T E T R G M E
V I O P L E I D I N G U C L
G N C T S M A L G I D S E S
Y G S T A B I L I T E I T W
Y H A N D S K O E N E L D V
```

HOOGTE	STERKTE
ATMOSFEER	OPLEIDING
BESERING	HANDSKOENE
STEWELS	GROT
KAART	GIDSE
HELM	FISIES
UITDAGINGS	STAP
KENNER	STABILITEIT
SMAL	TERREIN

68 - École #2

```
A L I T E R A T U U R B M U
K G R A M M A T I K A O L L
T S P E L E T J I E S A E R
I G A N P K J H F B O E K E
W N P U N C P Z R F U G W K
I B I B L I O T E E K S O E
T Y E J E E T Q O U S A O N
E I R D E L L D N T K S R A
I K Y P S O O E D M R K D A
T D J N J B O L E I Y Ê E R
E W M V W G D D R R F R B S
H U I S W E R K W J P Q O B
C I O N D E R W Y S E R E H
K A L E N D E R S U H E K N
```

AKTIWITEITE	SKRYF
LEER	ONDERWYS
BIBLIOTEEK	GRAMMATIKA
BUS	SPELETJIES
KALENDER	LEES
SKÊR	LITERATUUR
POTLOOD	BOEKE
HUISWERK	REKENAAR
WOORDEBOEK	PAPIER
ONDERWYSER	

69 - Antarctique

```
I G Y R O T S A G T I G E W
J V O W Z G W A L V I S S E
K O N T I N E N T E U Z B T
X Ë B Y O M G E W I N G E E
G L E T S E R S H L C B W N
T S M T H E M W T A W D A S
W A F P G P S I M N A P R K
M I G R A S I E N D T N I A
N A V O R S E R B E E W N P
X G K L L U J M A Q R Y G L
S K I E R E I L A N D A R I
C E R E R R W T I G D K L K
E K S P E D I S I E T J L E
A A R D R Y K S K U N D E X
```

BAAI	YS
WALVISSE	GLETSERS
NAVORSER	EILANDE
BEWARING	MIGRASIE
KONTINENT	MINERALE
WATER	VOËLS
OMGEWING	SKIEREILAND
EKSPEDISIE	ROTSAGTIGE
AARDRYKSKUNDE	WETENSKAPLIK

70 - Professions #2

```
F B T N R M D T B R T V L V
S I Q A J E P U I U A L J G
P O L V W E J I B I N I X K
E L I O L Q G N L M D E G O
U O N R S R D I I T A Ë E N
R O K S E O Z E O E R N N D
D G U E M E O R T V T I E E
E A J R Z U U F E A S E E R
R S K I L D E R K A D R S W
C H I R U R G I A R E E H Y
U I T V I N D E R D U Y E S
E E S I N G E N I E U R E E
J O E R N A L I S R I X R R
F O T O G R A A F G D D M R
```

RUIMTEVAARDER	UITVINDER
BIBLIOTEKARIS	TUINIER
BIOLOOG	JOERNALIS
NAVORSER	GENEESHEER
CHIRURG	SKILDER
TANDARTS	FILOSOOF
SPEURDER	FOTOGRAAF
ONDERWYSER	VLIEËNIER
INGENIEUR	

71 - Les Abeilles

```
D I V E R S I T E I T S O N
T S Y Y O A V H E U N I N G
E I G K O E W A S I M V O F
J K M T K O S B L O M M E I
V O O R D E L I G E I S K N
K O S K D K E T L U V G V S
V O S S O Z P A P W U R X E
F L N P U N F T L A U T Z K
P D E I G L H R A O Z K I Q
X H B R N G S O N K T U I N
P T U O K G T W T K N D V P
E N U L K E I V E O V U E I
X C I D M R T N V R U G T E
B L O E I S E L G F M N A D
```

VLERKE	HABITAT
VOORDELIGE	INSEK
WAS	TUIN
DIVERSITEIT	HEUNING
SWERM	KOS
BLOEISEL	PLANTE
BLOMME	KONINGIN
VRUGTE	KORF
ROOK	SON

72 - Dinosaures

O G D V L E R K E H Y H K P
M S R H E R B I V O O R A R
N P E O R R A A R D E B R E
I E P S O E D G A Y Y O N H
V S T O K T U W W H E S I I
O I I W R S T S Y W T E V S
O E E F A T L E E N A E O T
R S L I G E H K K X I H O O
P L X V T R E O R T K N R R
R B M M I T N E T S E D G I
O P W U G F O S S I E L E E
O L Y C E G R O O T J R U S
I N K K Q K M K R O D T Z E
T M K N T P E V O L U S I E

VLERKE	OMNIVOOR
KARNIVOOR	PREHISTORIESE
VERDWYNING	PROOI
SPESIES	KRAGTIGE
ENORME	STERT
EVOLUSIE	REPTIEL
FOSSIELE	GROOTTE
GROOT	AARDE
HERBIVOOR	BOSE
REUSE	

73 - Conduite

```
E U F K Z U L G K P J F Q O
X V T Q R Q I Q R A S G R N
V O B X N F S U F D A M G G
S E P S P O E D R V P R P E
T T R B R A N D S T O F T L
R G E V V U S G V H L R V U
A A M L O R I A D P I T R K
A N M S A E E R P U S O A A
T G E A Y U R A G I I N G B
V E R K E E R G H A E N M I
A R V P P A N E W N S E O A
V E I L I G H E I D R L T S
G E V A A R H J G M O T O R
M O T O R F I E T S E Y R V
```

ONGELUK	VOETGANGER
VRAGMOTOR	POLISIE
BRANDSTOF	PAD
KAART	STRAAT
GEVAAR	VEILIGHEID
REMME	VERKEER
GARAGE	VERVOER
GAS	TONNEL
LISENSIE	SPOED
MOTORFIETS	MOTOR

74 - Plantes

```
K P L A N T E G R O E I W K
L U K G P U I E W Z V P O A
I D N D B L A R E Y Q Z R K
M B O S M B A M B O E S T T
O Q P E M O S N G K Q T E U
P P L J B I J K T U I N L S
B E S S I E S L W K L B U X
L V P G Z S G A X O U I Q B
O P V R A T I E Z G Z N J G
M B O S F A J V F P C E D F
G R O E I M P E L W R Y E E
R Z H O P J B O O N T J I E
A B L O M B L A R E V I I X
S H C R E R K S A Z L W U P
```

BOOM	GROEI
BESSIE	BOONTJIE
BAMBOES	GRAS
PLANTKUNDE	TUIN
KAKTUS	KLIMOP
KUNSMIS	MOS
BLARE	BLOMBLARE
BLOM	WORTEL
FLORA	STAM
BOS	PLANTEGROEI

75 - Ferme #2

```
B Y E K O R F E L V R D T N
O T X O K O M C L R D X A V
O M Q S W R A C A U I Z S D
R P B A A R B R M G E V C R
D G A R S V N E A T R E L Y
E R H R Y P L A M E E C N N
B O B E S P R O E I I N G D
O E K O R I N G W N U Z X S
E N O L W D N W E S V C B K
R T R E K K E R I P K R B A
C E M E L K W R D H H U T P
L R D B Z J S T E K P H U E
T I D G F S R Z D F Q V Y R
U I K E U R D D C Y Y K M M
```

LAM	LLAMA
BOER	GROENTE
DIERE	SKAPE
HERDER	RYP
KORING	KOS
EEND	GARS
VRUGTE	WEIDE
SKUUR	BYEKORF
BESPROEIING	TREKKER
MELK	BOORD

76 - École #1

```
O D D U N A V V S A A H M P
K M U Z Y U R R R T L L D B
Q R T A P A P I E R O X F A
O U S E L Y R E M A K E K N
N I I R L G E N G L L K L T
D L D Z E E T D W F M S M W
E P O W S T E E I A E A I O
R O P T S A N R S B R M D O
W T G I E L O K K E K E D R
Y L E K N L P M U T E N A D
S O H B A E R C N B R S G E
E O O G A D K F D E S O E I
R D U J R S B O E K E E T A
B I B L I O T E E K N E E T
```

ALFABET	ONDERWYSER
VRIENDE	EKSAMENS
PRET	BOEKE
OM TE LEER	MERKERS
BIBLIOTEEK	WISKUNDE
LESSENAAR	GETALLE
STOEL	PAPIER
POTLOOD	QUIZ
MIDDAGETE	ANTWOORDE
DOPGEHOU	

77 - Vacances #2

```
H H D T O J B V N R P U S B
V B O A X K E A O E Y M B E
T E N T A X I K N S E E E S
V S R N E C L A G T Y C E P
T T A V F L A N K A A R T R
M E X T O R N S A U H X Q E
L M S R N E D I M R T J R K
U M L W E I R E G A Q N G I
G I O N T S P A N N I N G N
H N W C R U Y U V T Q P Q G
A G N V E P A S P O O R T S
W J B U I T E L A N D E R N
E S D G N S K A M P E E R X
S T R A N D A X B Y Q O N A
```

LUGHAWE	STRAND
KAMPEER	RESTAURANT
KAART	BESPREKINGS
BESTEMMING	TAXI
BUITELANDER	TENT
HOTEL	TREIN
EILAND	VERVOER
ONTSPANNING	VAKANSIE
SEE	VISA
PASPOORT	REIS

78 - Temps

```
N J Q W M M A A N D W J P J
A U K V Q I A M I D D A G A
G N O U H A N W P A K A O A
N A I W C F T U O G Q R G R
H K G K L O K I U V F R G L
R W I N F W K V Z T G D E I
M I S T O E K O M S O R N K
U O T N C E N O X H U Z D S
J U E C A K U R D E K A D E
U Z R P U M B G I E M F E G
V B L B E J H E T U X Y A F
I Z U F V H D P F W R A S I
K A L E N D E R I V F W D Q
Y E W F M W H M J L B E P C
```

JAAR	KLOK
JAARLIKSE	DAG
NA	NOU
VOOR	OGGEND
GOU	MIDDAG
KALENDER	MINUUT
DEKADE	MAAND
TOEKOMS	NAG
UUR	WEEK
GISTER	EEU

79 - Maison

```
Q  L  T  D  A  K  Z  B  E  S  E  M  K  H
L  E  C  L  E  O  W  H  V  O  A  U  O  E
S  T  O  R  T  U  I  N  E  L  G  U  M  I
R  N  R  A  N  M  R  T  N  D  A  R  B  N
D  V  A  W  S  R  R  S  S  E  M  M  U  I
Z  P  L  E  R  H  N  X  T  R  G  W  I  N
G  K  P  O  U  B  D  Y  E  V  J  X  S  G
A  G  Y  J  B  S  T  T  R  F  T  C  P  V
R  P  L  A  F  O  N  I  S  Q  H  B  I  X
A  S  L  E  U  T  E  L  S  T  T  Z  E  L
G  S  K  A  G  G  E  L  B  Q  X  W  Ë  M
E  O  R  S  M  K  V  Y  F  R  B  E  L  A
K  A  M  E  R  P  G  O  R  D  Y  N  E  T
B  I  B  L  I  O  T  E  E  K  U  Q  O  E
```

BESEM	SOLDER
BIBLIOTEEK	TUIN
KAMER	LAMP
KAGGEL	SPIEËL
SLEUTELS	MUUR
HEINING	PLAFON
KOMBUIS	DEUR
STORT	GORDYNE
VENSTER	MAT
GARAGE	DAK

80 - Légumes

```
Z B K N O F F E L G J I J S
P D R W S V X G V H E Y E E
I B A O Q P A M P O E N L L
E Z A R C E I E R V R U G D
T R P T O C U X X H T I K E
E Z G E U P O D A F J J O R
R Z Z L N L E L L E I G M Y
S A M V S A M P I O E N K J
I S D S P I N A S I E O O G
E S L Y P H D Z P F W Q M E
L A X A S N P L U O J C M M
I L F M A R T I S J O K E M
E O V G U I O M F F I U R E
A T A M A T I E O L Y F Y R
```

KNOFFEL
ARTISJOK
EIERVRUG
BROCCOLI
WORTEL
SELDERY
SAMPIOEN
PAMPOEN
KOMKOMMER
SALOT

SPINASIE
GEMMER
RAAP
UI
OLYF
PIETERSIELIE
ERTJIE
RADYS
SLAAI
TAMATIE

81 - Plage

```
B P X R I M O X F D N X H Q
L Y P S S A N D A L E T L O
Q J V Q X D Z S X X J I W H
S A M B R E E L S T P S Z G
B O O T L N Y X T K P E Z E
H A N D D O E K R U U I M B
W K G O K S U E A S W L G O
Y J D K D E Y Y N E K B P S
D C S Y R I F S D I R O Y E
V A K A N S I E M L A O E A
G S S A N D S E E A P T P A
X U F F J J P U E N E M X N
X Q S N X L L S R D C G H J
Z S N S N D V J G K O V V H
```

BOOT	OSEAAN
BLOU	SAMBREEL
SKULPE	RIF
KUS	SAND
KRAP	SANDALE
DOK	HANDDOEK
EILAND	SON
STRANDMEER	VAKANSIE
SEE	SEILBOOT

82 - Famille

```
F R V A D E R U T E F K U O
S S N R Q M A N H P Y I O U
K L E I N S E U N F A N O M
E F E A G M O E D E R D M A
V J F G L G P Q A M Q E T L
V R O U X C I S U Z R R A D
N L M Z Y P V E W G I J N W
K K I N D O A M T Z V A N I
D I S M B H E A E G Y R I Q
G S N V O O R O U E R E E N
B R S D O G T E R B R O E R
H J L G E V A D E R L I K E
A O R A N R O Y C V Q V X R
O U P A H E S U S T E R S K
```

VOOROUER	MOEDER
KINDERJARE	MA
KIND	NEEF
KINDERS	NIGGIE
VROU	OOM
DOGTER	VADERLIKE
BROER	KLEINSEUN
OUMA	VADER
OUPA	SUSTER
MAN	TANNIE

83 - Oiseaux

```
E T O E K A N G L I D D O M
T I P U K G W K S Z V U O O
T C E D Q R E I E R O I I S
P D L R Y X B H Q Q L F E S
X I I Y E E E N D S S M V I
D M K R A A I G W U T P A E
L W A K X M E E U G R O A U
Y S A Y E L C R M U U U R H
S V N L X W F L A M I N G O
P W U B W S Y J C W S F A E
P O U T X W S N P P F M N N
P A P E G A A I P X C A S D
P X Q I P A K O E K O E K E
K S X Y G N Z B A R E N D R
```

AREND	PIKKEWYN
VOLSTRUIS	MOSSIE
EEND	MEEU
OOIEVAAR	EIER
DUIF	GANS
KRAAI	POU
KOEKOEK	PAPEGAAI
SWAAN	PELIKAAN
FLAMINGO	HOENDER
REIER	TOEKAN

84 - Disciplines Scientifiques

```
B E I Y S N B M S G W M X M
I R M G I E I I T E J E U E
O P M A E U O N E O S T D G
L X U N L R C E R L O E G A
O Z N A K O H R R O S O Z N
G E O T U L E A E G I R C I
I K L O N O M L K I O O H K
E O O M D G I O U E L L E A
Y L G I E I E G N U O O M J
Z O I E R E L I D B G G I E
Y G E H E E R E E K I I E G
F I S I O L O G I E E E Y H
B E T A A L K U N D E B I C
P L A N T K U N D E U I U R
```

ANATOMIE	TAALKUNDE
STERREKUNDE	MEGANIKA
BIOCHEMIE	METEOROLOGIE
BIOLOGIE	MINERALOGIE
PLANTKUNDE	NEUROLOGIE
CHEMIE	FISIOLOGIE
EKOLOGIE	SIELKUNDE
GEOLOGIE	SOSIOLOGIE
IMMUNOLOGIE	

85 - Émotions

```
V U H Q Q V O Z V T H V O W
T E V G Z R X Z E E V E N O
Q L R N F E R J R E R R T E
N U V L R E U S V R E R S D
J F E M E S S E E H U A P E
I D M R K Ë T T L E G S A H
S I M P A T I E I I D C N S
G D N H L J G A N D E R N O
R P U H M K H F G F D I E S
D A W H O Q E L I E F D E M
K G O I X U I T P U C J A I
V R E D E C D T E V R E D E
V E R L I G T I N G N M Y J
D A N K B A A R E G W H W I
```

LIEFDE	VREES
KALM	DANKBAAR
WOEDE	VERLIGTING
INHOUD	TEVREDE
ONTSPANNE	VERRAS
VERLEË	SIMPATIE
VERVELING	TEERHEID
VREUGDE	RUSTIGHEID
VREDE	

86 - Géographie

```
W O E T J F O Z Q Q G J M A
E S N I L K D Y U K E S E T
S E E O L A O E H L B E R G
U A D I O A T L A S I S I H
I A K M A R N A L M E P D E
D N G G C T D D F O D U I E
I O K O B W N L R A D O A L
J S Q I A Z H O O G T E A A
S T R E E K L C N V I M N L
L A T I T U D E D S J L G L
O D Z J V J T S O B I A V R
D K O N T I N E N T R N K A
E F I K P L E T Q E R D Z B
H L N U T S W R X E O Z Q X
```

HOOGTE	HEELAL
ATLAS	BERG
KAART	NOORD
KONTINENT	OSEAAN
RIVIER	WES
HALFROND	LAND
EILAND	STREEK
LATITUDE	SUID
SEE	GEBIED
MERIDIAAN	STAD

87 - Danse

```
K U L T U U R G E N A D E T
U E M O S I E E E G B U G R
L R C U R A K A D E M I E A
T P H H I I F Z L G K R K D
U P O S T U U R I D G E S I
R Q R F M C D U G N M P P S
E R E F E K Z L G B U E R I
L D O G P D S R A E D T E O
E H G M K U N S A W S I S N
V N R U C P H X M E P S S E
K L A S S I E K E G R I I E
K X F I M L V V Z I I E E L
C Q I E Z U V F P N N N W C
V R E K K L Q L G G G G E K
```

AKADEMIE	GENADE
KUNS	BEWEGING
CHOREOGRAFIE	MUSIEK
KLASSIEKE	POSTUUR
LIGGAAM	REPETISIE
KULTUUR	RITME
KULTURELE	SPRING
EKSPRESSIEWE	TRADISIONEEL
EMOSIE	

88 - Bâtiments

```
T E A T E R G R W W H S N W
S K V N P M P G O E O U C X
S K A J U I T D O R S P F C
B K U S U F P P N K P E F H
W F O U T T A F S S I R J O
G A R O R E R X T W T M S T
G B V J L E E Z E I A A T E
A R T E N T J L L N A R E L
R I O S B L M J Y K L K R C
A E R S M A S L M E S B R S
G K I N B X E N M L N H E Q
E C N Z S T A D I O N X W H
A M G A M B A S S A D E A O
D W H M U S E U M A T G G J
```

AMBASSADE	HOTEL
WOONSTEL	MUSEUM
WERKSWINKEL	STERREWAG
KAJUIT	STADION
KASTEEL	SUPERMARK
SKOOL	TENT
GARAGE	TEATER
SKUUR	TORING
HOSPITAAL	FABRIEK

89 - Pêche

```
O R S E I S O E N D I P K T
S I T R Q Z H J U H F B I O
E V R D F Z K V W B R G E E
A I A G I V C Y M A Y E W R
A E N W D O W K O O K W E U
N R D G H O T A D M J I N S
M E J E S R B K T R E G A T
Q G B D J D Z E M E A E E I
Z N K U C R N B H H R A R N
A A S L Y Y L E A R J D D G
V U Z D L W S E A E B O O T
M A N D J I E N K Z O T K L
O N A D U N D Z N C C G K K
H T L X B G F Y Q G E X K K
```

AAS	RIVIER
BOOT	MEER
KIEWE	KAKEBEEN
HAAK	OSEAAN
KOOK	MANDJIE
WATER	GEDULD
OORDRYWING	STRAND
TOERUSTING	GEWIG
DRAAD	SEISOEN

90 - Activités et Loisirs

```
S C G Y I N L I W I R O H Y
T K A M P E E R T C E O C E
A S I N K O P I E S I D B P
P J O L I G C S N O S X J M
P J O K D H E W N G H O L F
V W Q U K E M E I Y C E B T
B L D N U E R M S O V H A U
O T U S O R R Y U X A J S I
F W I G O N T S P A N U K N
B O K S B V I S V A N G E M
A F N Q N A V I G E E R T A
L T R U K W L Y R C G H B A
S T O K P E R D J I E S A K
N W J Z S K R E K V I Y L S
```

INKOPIES	STOKPERDJIES
KUNS	SKILDERY
BOFBAL	VISVANG
BASKETBAL	DUIK
BOKS	STAP
KAMPEER	ONTSPAN
SOKKER	NAVIGEER
GHOLF	TENNIS
TUINMAAK	VLUGBAL
SWEM	REIS

91 - Livres

```
N J V E R T E L L E R G Q W
H A H U M O R I S T I E S E
O G W A E J N T D A V D C R
S T O R I E X E U P E I D E
A V O N T U U R A O R G H L
K R T B O E K Ê L Ë S O I E
S R R L E S E R I S A U S V
B L A D S Y R E T I M T T A
R Q G E G O F J E E E E O N
Z E I F U X O H I P L U R T
R W E C E F U I T B I R I Z
O X S K O N T E K S N E E V
M O C M S A W I A L G K S O
V I N D I N G R Y K E U E E
```

OUTEUR	LESER
AVONTUUR	LITERÊRE
VERSAMELING	VERTELLER
KONTEKS	BLADSY
DUALITEIT	RELEVANT
EPIESE	GEDIG
STORIE	POËSIE
HISTORIESE	BOEK
HUMORISTIESE	REEKS
VINDINGRYKE	TRAGIES

92 - Pays #2

```
U H B F L I B A N O N O K A
J D M X Q H E J A M A I K A
D H V U C D F R A N K R Y K
M E X I K O U I L K B W G H
I N D O N E S I Ë A E S H H
S C H I N A I Q Q L N N Q H
O O A Q J B R C B B I D I H
E R M W N Z I U G A N D A A
D U N A S O Ë I Z N A O G Ï
A S R C L O B Q X I W I D T
N L M B A I U B G Ë H L Q I
S A F U O U Ë Z J A P A N O
P N M W S P A K I S T A N R
U D E N E M A R K E F M V R
```

ALBANIË	LAOS
CHINA	LIBANON
DENEMARKE	MEXIKO
FRANKRYK	UGANDA
HAÏTI	PAKISTAN
INDONESIË	RUSLAND
IERLAND	SOMALIË
JAMAIKA	SOEDAN
JAPAN	SIRIË
KENIA	

93 - Fournitures d'Art

```
M F Y R P S T O E L K E B T
N K R E A T I W I T E I T E
H O U T S K O O L U S I T L
N Q U I T V E Ë R H S P R J
R F W N E W A T E R V E R F
E H A K L E I K T A B E L R
P S T B Z P V W R I D E E S
O B E S U R A U Z I V P K O
T O R L Z X E P L B E M A L
L R K L E U R E I I X L M I
O S V S B Z C X P E V T E E
D E T L S X X B S O R G R M
E L O Z I D I K T Q D M A U
J S N E C C C A G O M A U E
```

AKRIEL	POTLODE
WATERVERF	KREATIWITEIT
KLEI	WATER
BORSELS	INK
KAMERA	UITVEËR
STOEL	OLIE
HOUTSKOOL	IDEES
ESEL	PAPIER
GOM	PASTEL
KLEURE	TABEL

94 - Jouets

```
V L I E G T U I G P F Z B T
Q U Z E M I E F K B O O T R
T X R D G V L I E Ë R P M E
W O T X L E G K A A R T R I
E K H F V R A G M O T O R N
X E A I I B A L B H W B O M
G U N S T E L I N G F L B R
L Z D B K E T D J X P R O T
L K W T T L F S Q K J O T G
Q U E S C D O O D R O M M E
T G R O K I I K Y Y P R O A
C G K V T N P D L T Z K T Q
S K A A K G X B O E K E O R
S P E L E T J I E S I W R K
```

KLEI	VERBEELDING
HANDWERK	SPELETJIES
VLIEGTUIG	BOEKE
BAL	POP
BOOT	LEGKAART
VRAGMOTOR	ROBOT
VLIEËR	DROMME
KRYT	TREIN
SKAAK	FIETS
GUNSTELING	MOTOR

95 - Eau

```
E N V M S T O O M T Y J D U
S E O E T Z S R S N F Q R Y
B S G E R N E C K J P O I B
R O A R I D A C L A A A N Q
G N O P M T A B A Y A Z K K
S T R O O M N M M S V N B A
D H R K D R S C P V K D A N
M S Q Q B I S N G I F S A A
G T U O K V L O E D N J R A
O O V J E I K K I E X G A L
L R Y P K E L G S J U Y N H
W T E Q D R U Q E C S T N O
E I Z F R E Ë N R X X F L R
B E S P R O E I I N G U H Z
```

KANAAL
STORT
VERDAMPING
RIVIER
STROOM
RYP
GEISER
YS
KLAM
VOG

VLOED
BESPROEIING
MEER
SNEEU
OSEAAN
ORKAAN
REËN
DRINKBAAR
GOLWE
STOOM

96 - Paysages

```
X R D G K P I A B A F C Q Q
D N T M W A T E R V A L E J
R I V I E R M O N D I N G M
T U W S X E M A Z A Y R L V
I B I E T I R S X V Q X E U
Y C Y B L R B E R G Y T T L
X S I T A P A M O E R A S K
R E B O F Q K N E Y H H E A
G E H E U W E L D S M W R A
R I V N R P K W O E S T Y N
O L P D H G U L R R U J Y Z
T A Q R I V I E R V I R F V
V N V A L L E I C T Z T X B
D D V S K I E R E I L A N D
```

WATERVAL	MEER
HEUWEL	MOERAS
WOESTYN	SEE
RIVIERMONDING	BERG
RIVIER	OASE
GEYSER	SKIEREILAND
GLETSER	STRAND
GROT	TOENDRA
YSBERG	VALLEI
EILAND	VULKAAN

97 - Nombres

```
D R I E Y Z B Q T A U J A T
V I E R F K H L X U T Z G W
A Y N D J K W M J Z F S T E
W K F N E G E N T I E N I E
S N O T W I N T I G T R E V
E E T Z I D N E G E I T N Y
S L W D P E E A G T E N U F
E O A E F Z N S K U N U V L
S V A R O W J I I N K L W I
T F L T M L B K Q M P G S G
I N F I R A L C K Y A R M L
E S V E E R T I E N G L H U
N J I N M U F A U H L E E W
S E W E N T I E N F A L L F
```

VYF	VEERTIEN
TWEE	VIER
DESIMALE	VYFTIEN
TIEN	SESTIEN
AGTIEN	SEWE
NEGENTIEN	SES
SEWENTIEN	DERTIEN
TWAALF	DRIE
AGT	TWINTIG
NEGE	NUL

98 - Nature

```
M U B N O Y V F S B L A R E
F I X L F J R E Q O A F U S
N Y S G G L E T S E R X S B
D W M Y C S E Y O V J W T L
W I X O P K D H D U O M I R
O L N D O U S F E M B J G M
E D L A B I A P R T W Y E T
S E F Y M L M B O S O F E R
T Q R I V I E R S B L Z I O
Y D X X A N E B I P K R N P
N I E B D G L S E H E L W I
H E I L I G D O M B W D T E
A R K T I E S E W C A I L S
E E S K O O N H E I D A M V
```

BYE
SKUILING
DIERE
ARKTIESE
SKOONHEID
MIS
WOESTYN
DINAMIES
EROSIE
BLARE

RIVIER
BOS
GLETSER
WOLKE
VREEDSAME
HEILIGDOM
WILDE
RUSTIGE
TROPIES

99 - Bateaux

```
G A L A O B E D H L X F G G
B Y V L O T E F R U R E K V
F O P A V J P K F V V R Z R
S S E I L J A G A I P R Y I
Y H R I V I E R U N R Y U T
T O U U T O B O I G O I I L
M K T T K S E I L B O O T L
O A O S E E M A T R O O S L
S J S T N A A E N J I N A H
X A C L L A N G O L W E N K
N K S D U N N M E E R G K P
J B N A U T I S C H E F E B
L Q Y V B B B N N Q C E D R G
G A G R P P G E T Y Z B M K
```

ANKER	MATROOS
BOEI	MAS
KANO	SEE
TOU	ENJIN
BEMANNING	NAUTISCHE
FERRY	OSEAAN
RIVIER	VLOT
KAJAK	GOLWE
MEER	SEILBOOT
GETY	SEILJAG

100 - Mesures

```
O F K X A D L L V O L U M E
K N G E W I G E I D A T A H
I U S F W E S N G T E N S X
L F N X F P P G S O E O S V
O H O O G T E T C N G R A M
M B G Q Z E D E S I M A L E
E Y R N U E M I N U U T M T
T T B E K I L O G R A M W E
E E G N E J K G R A A D J R
R G E N C D K V J V R H A S
S S O V L E T V B Q T I X Z
L Q Y N J A R E Y Y H L Q J
S E N T I M E T E R U A M K
L L D U I M N E B Y X J Z E
```

SENTIMETER	MASSA
GRAAD	METER
DESIMALE	MINUUT
GRAM	BYTE
HOOGTE	ONS
KILOGRAM	GEWIG
KILOMETER	DUIM
BREEDTE	DIEPTE
LITER	TON
LENGTE	VOLUME

1 - Été

2 - Adjectifs #2

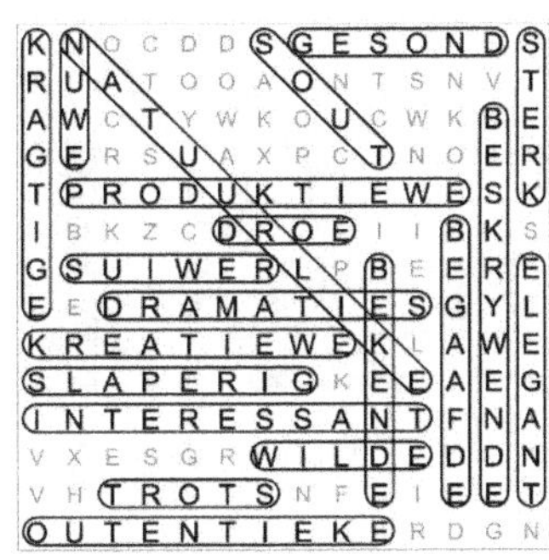

3 - Exploration

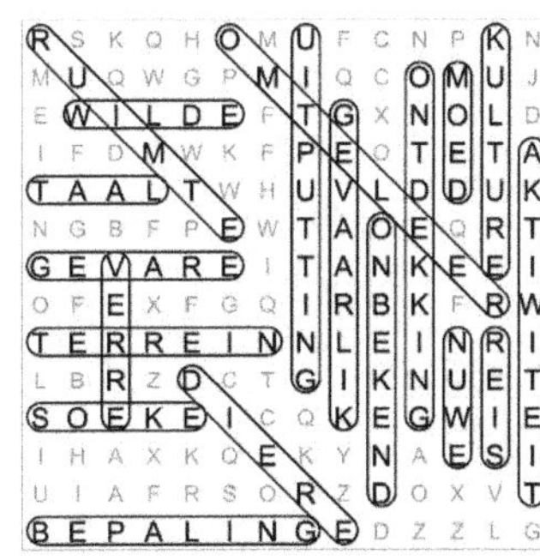

4 - Formes

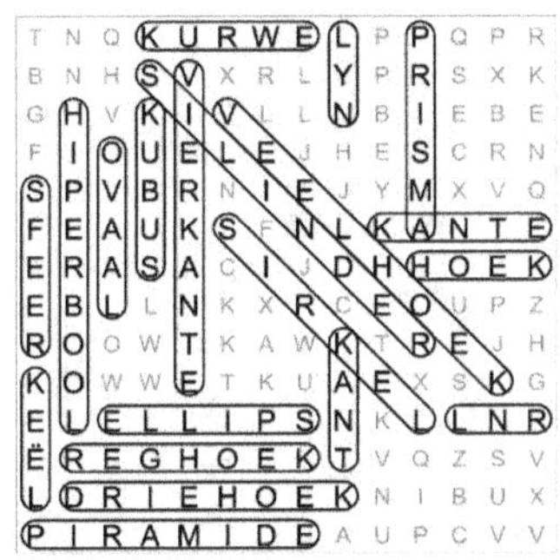

5 - Salle de Bains

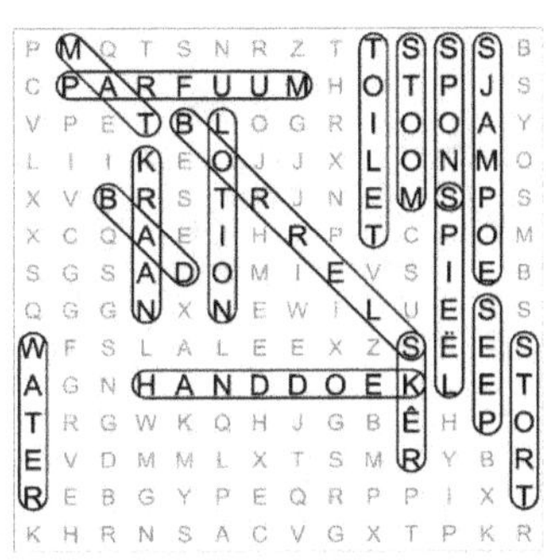

6 - Adjectifs #1

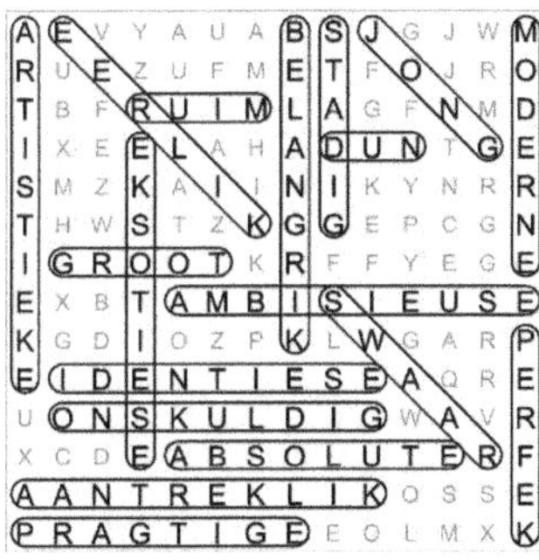

7 - Instruments de Musique

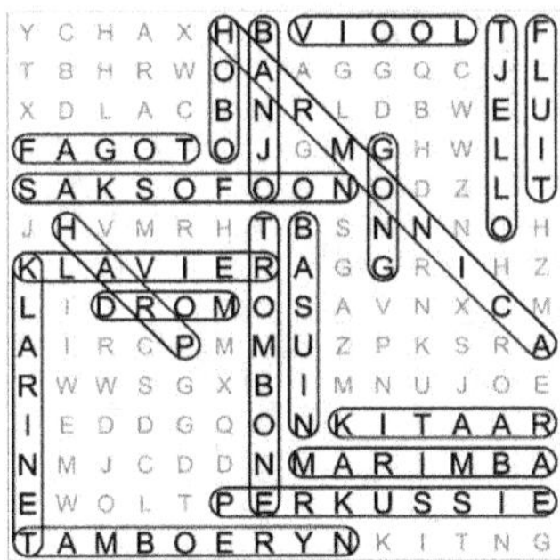

8 - Échecs

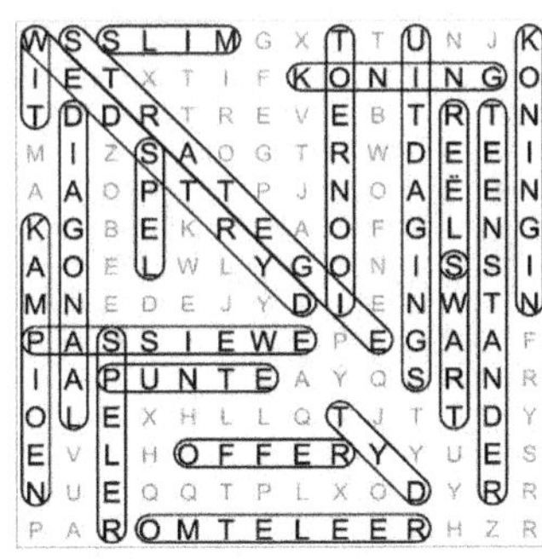

9 - Herboristerie

10 - Véhicules

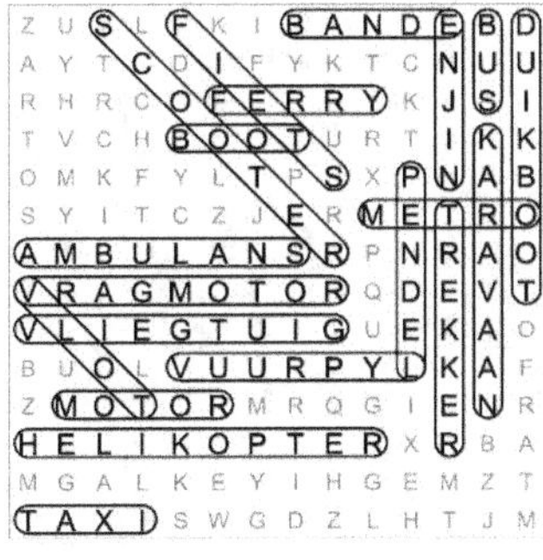

11 - Camping

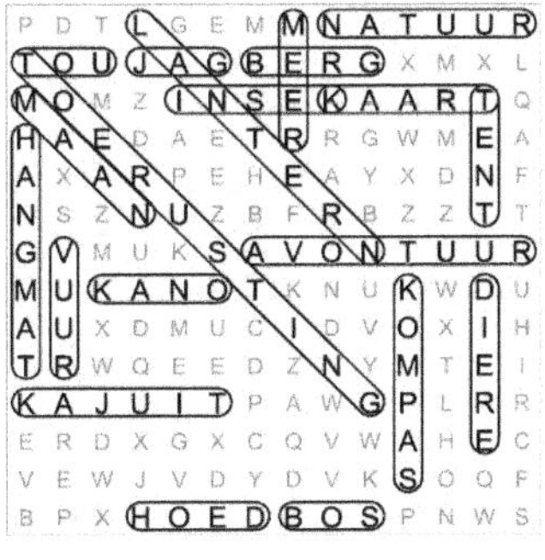

12 - Conservation

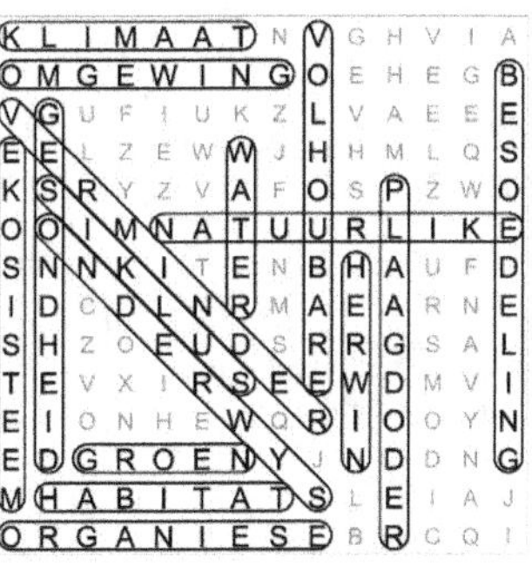

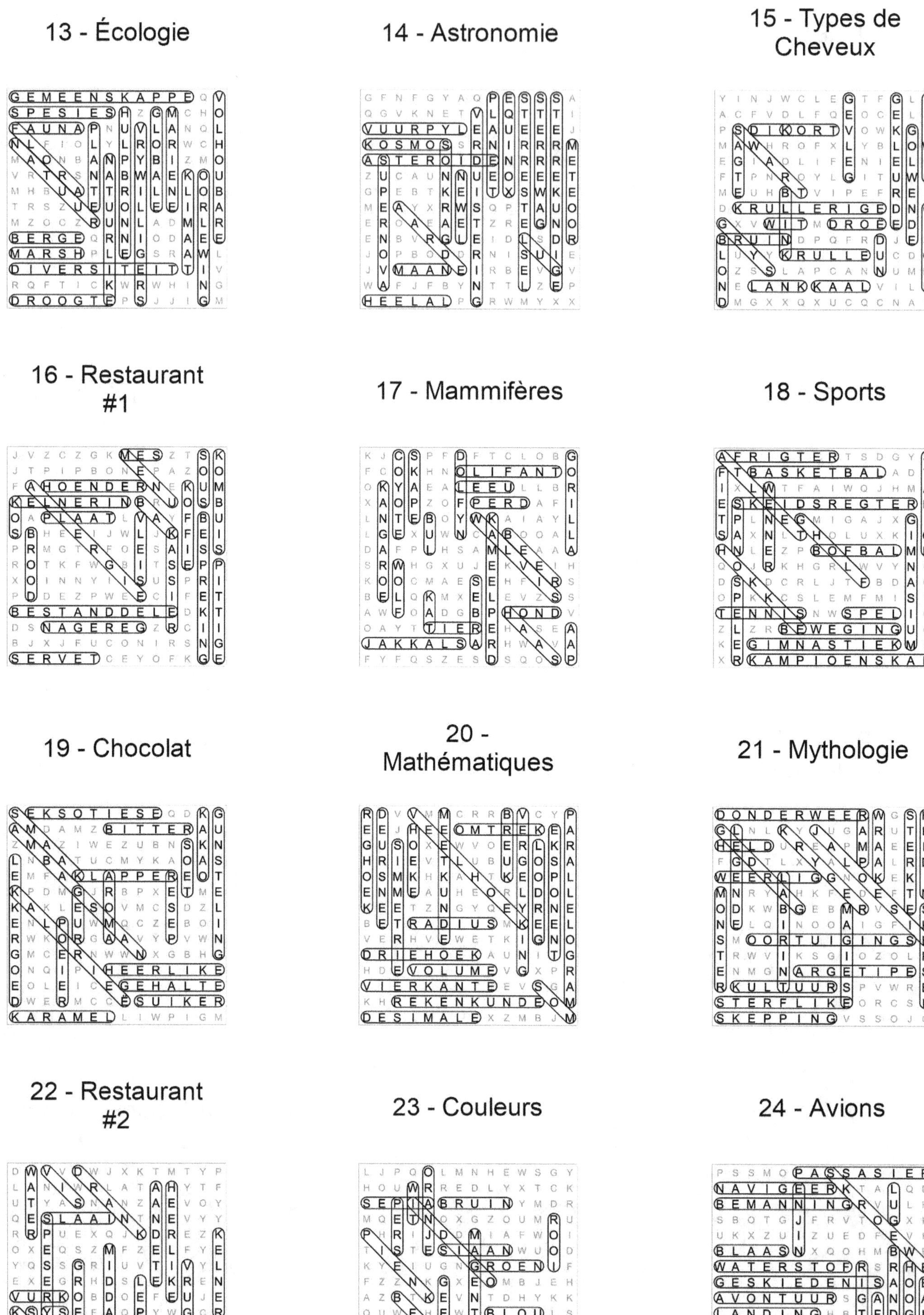

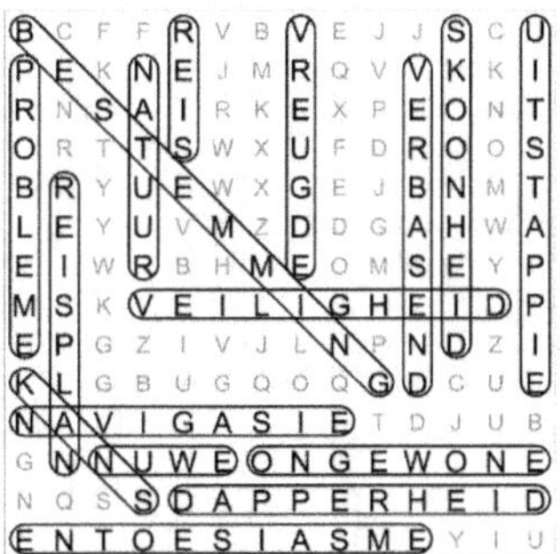

25 - Aventure

26 - Ville

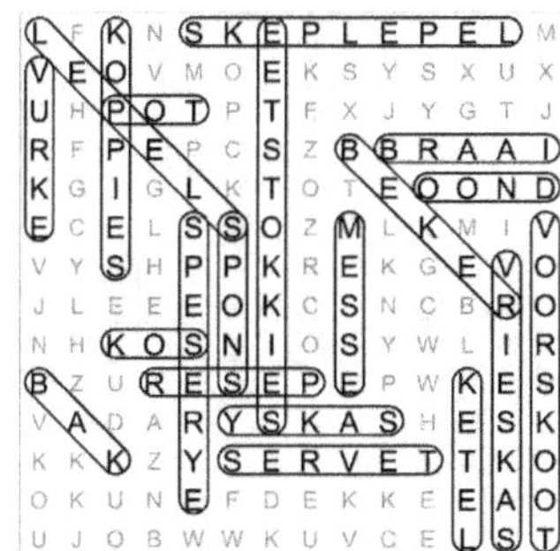

27 - Cuisine

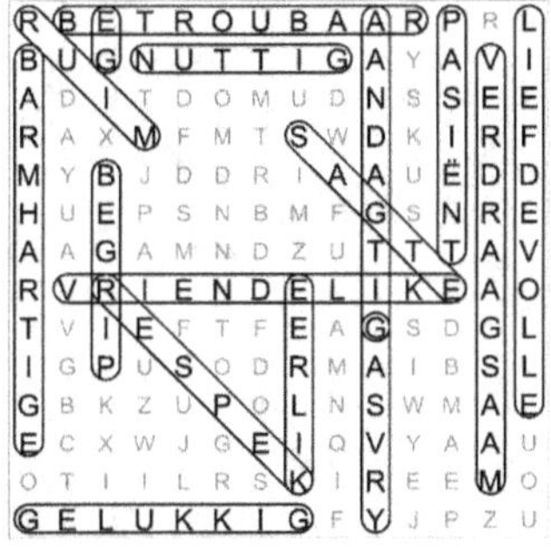

28 - Gentillesse

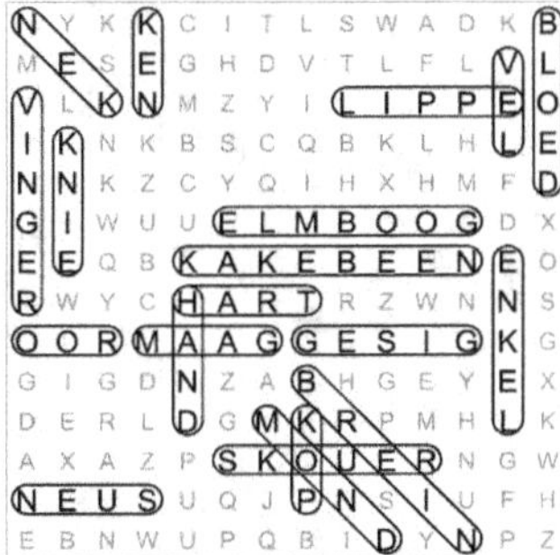

29 - Corps Humain

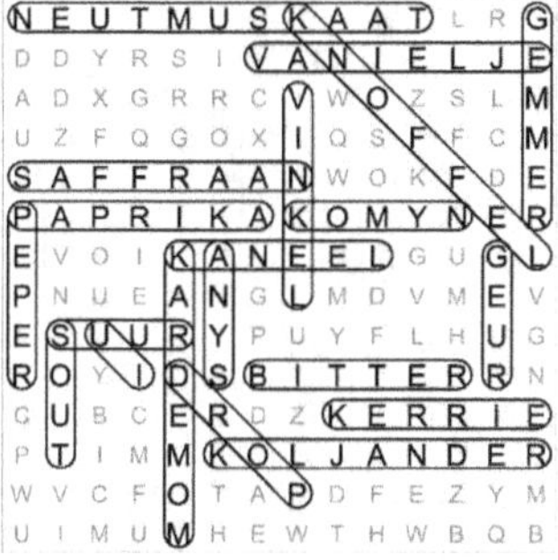

30 - Épices

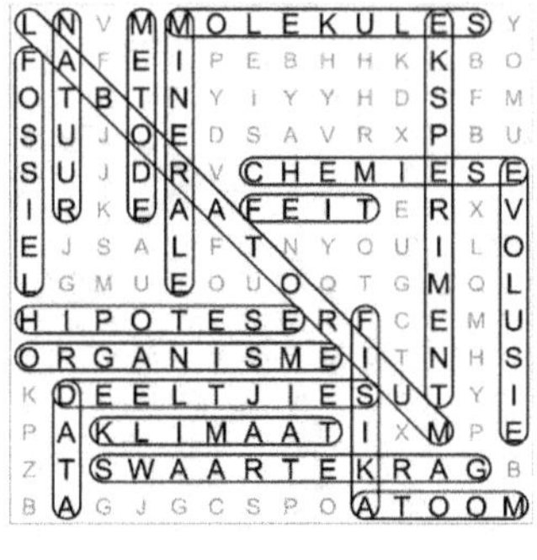

31 - Science

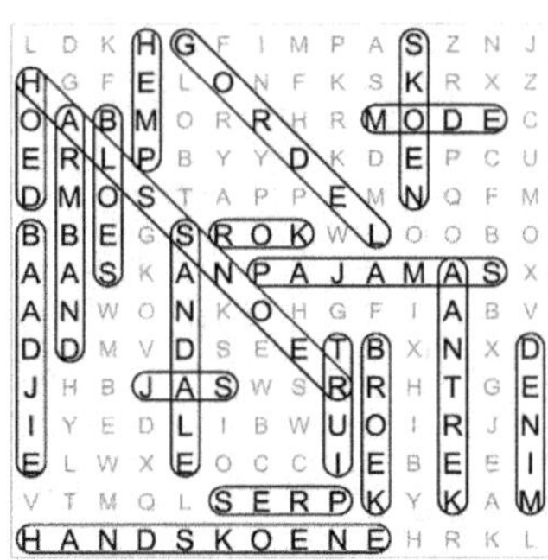

32 - Vêtements

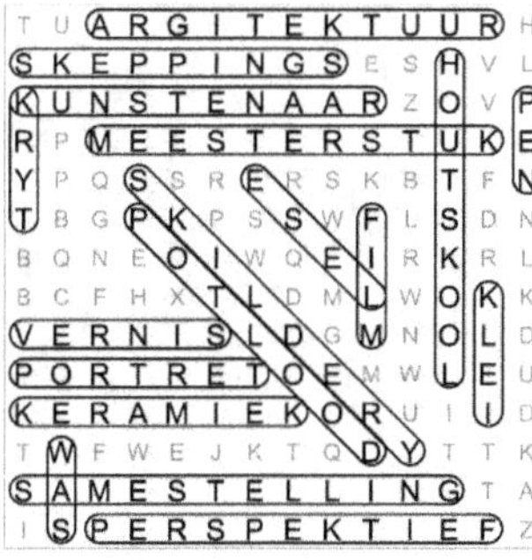

33 - Arts Visuels

34 - Méditation

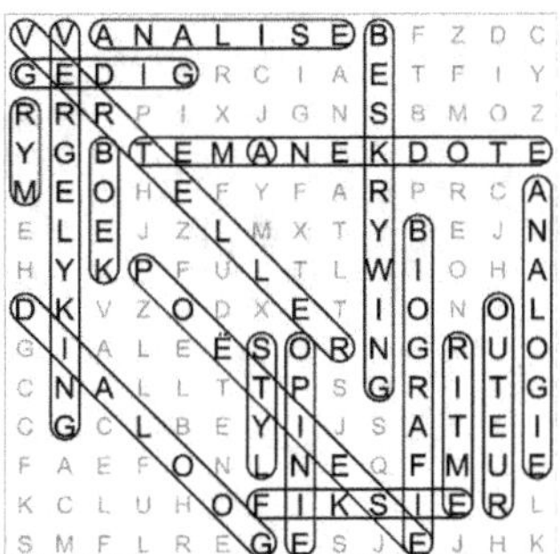

35 - Littérature

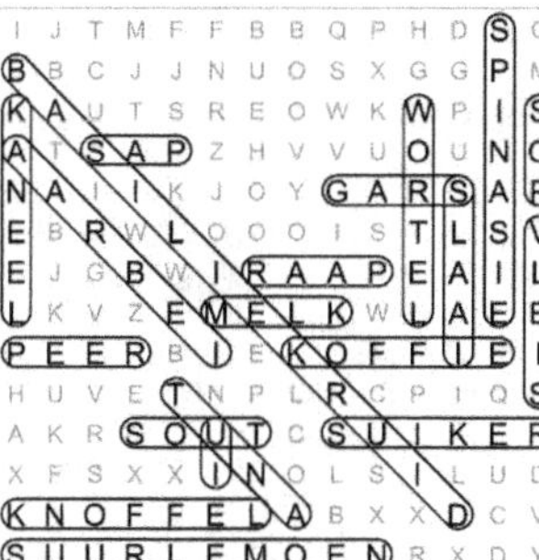

36 - Nourriture #1

37 - Jours et Mois

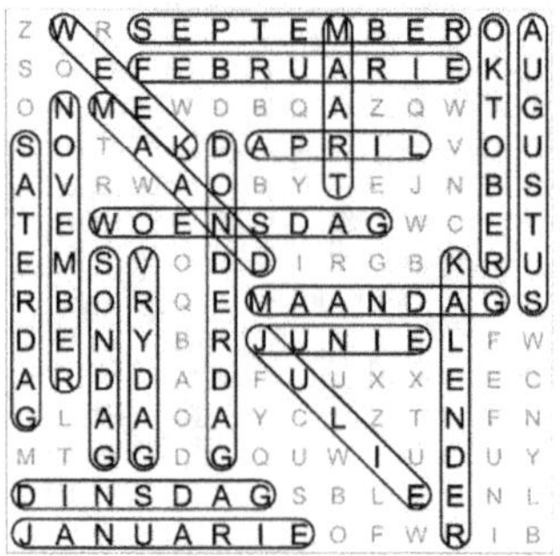

38 - Championnat

39 - Pirates

40 - Activités

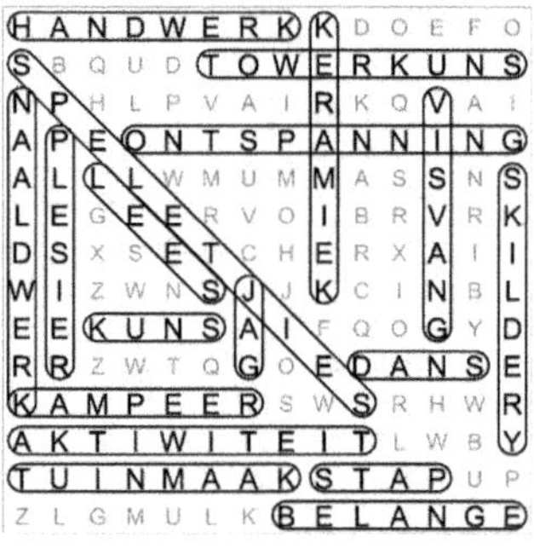

41 - Fleurs

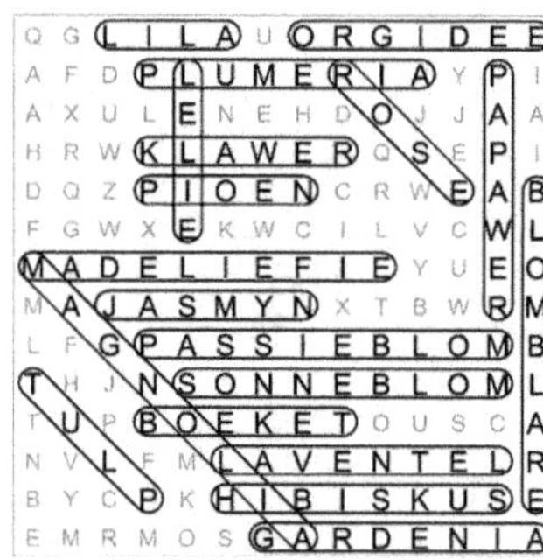

42 - Nourriture #2

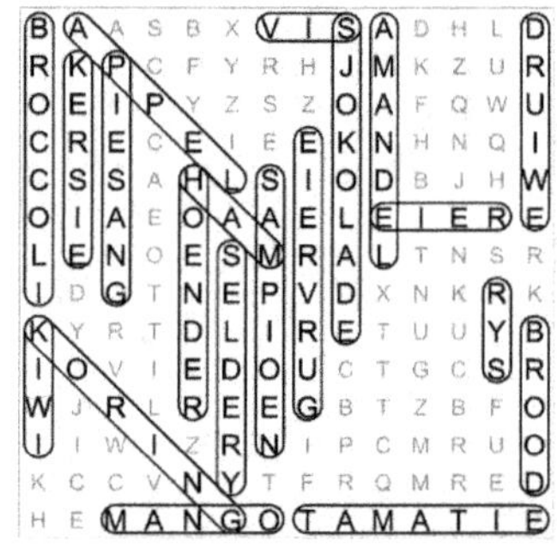

43 - Océan

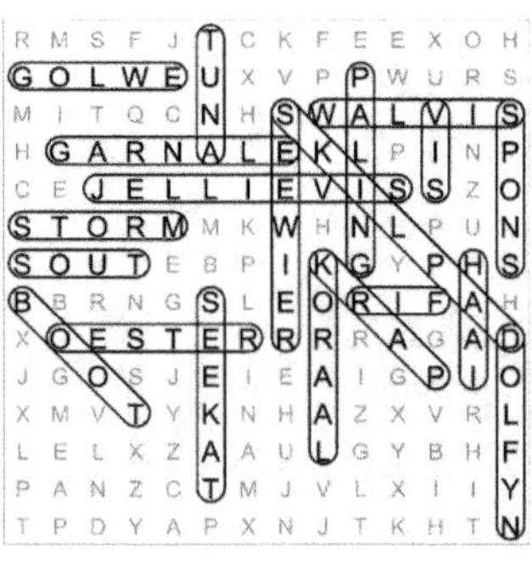

44 - Remplir

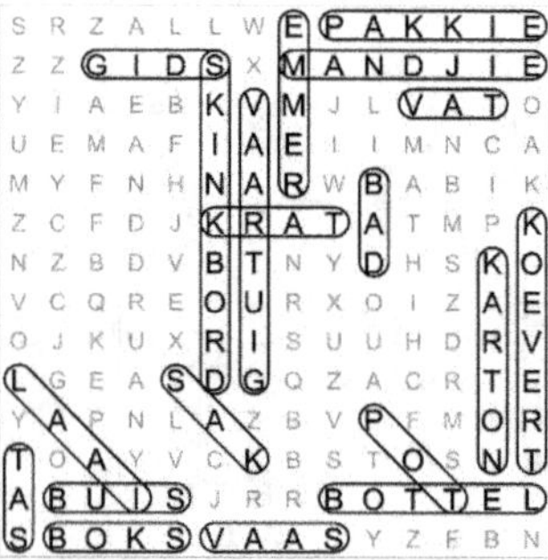

45 - Ballet

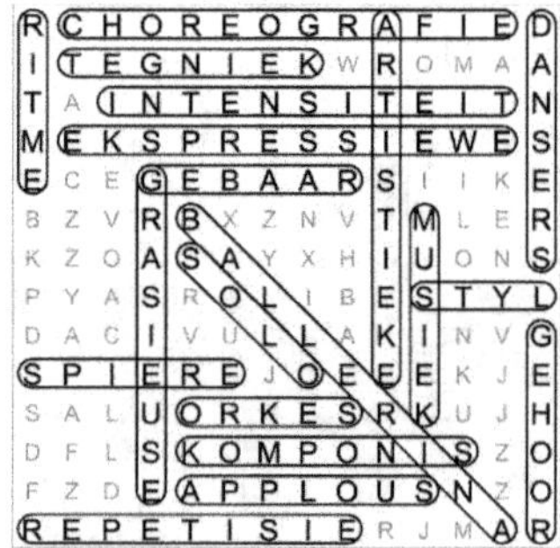

46 - Fruit

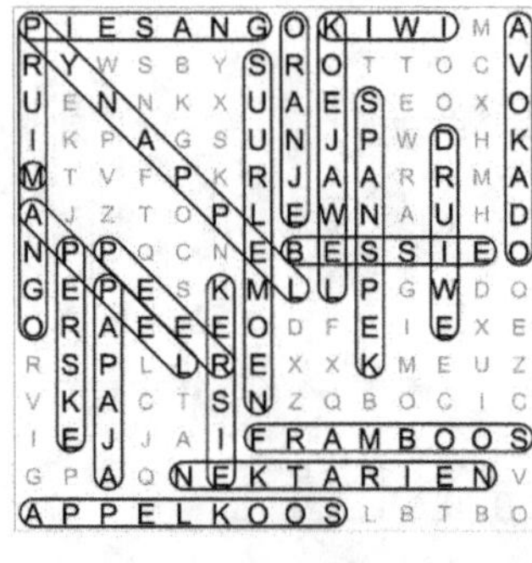

47 - Surf

48 - Technologie

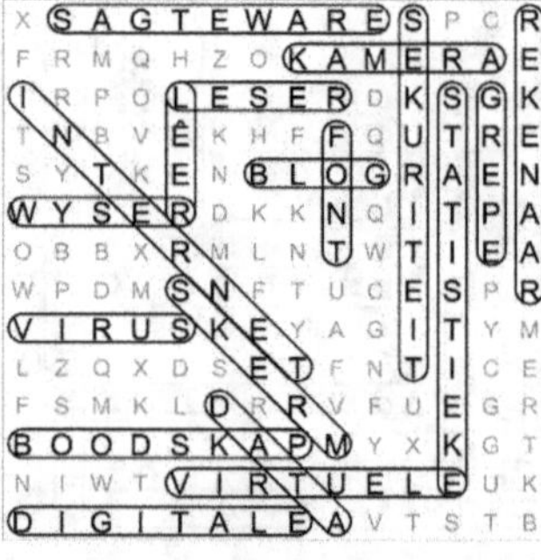

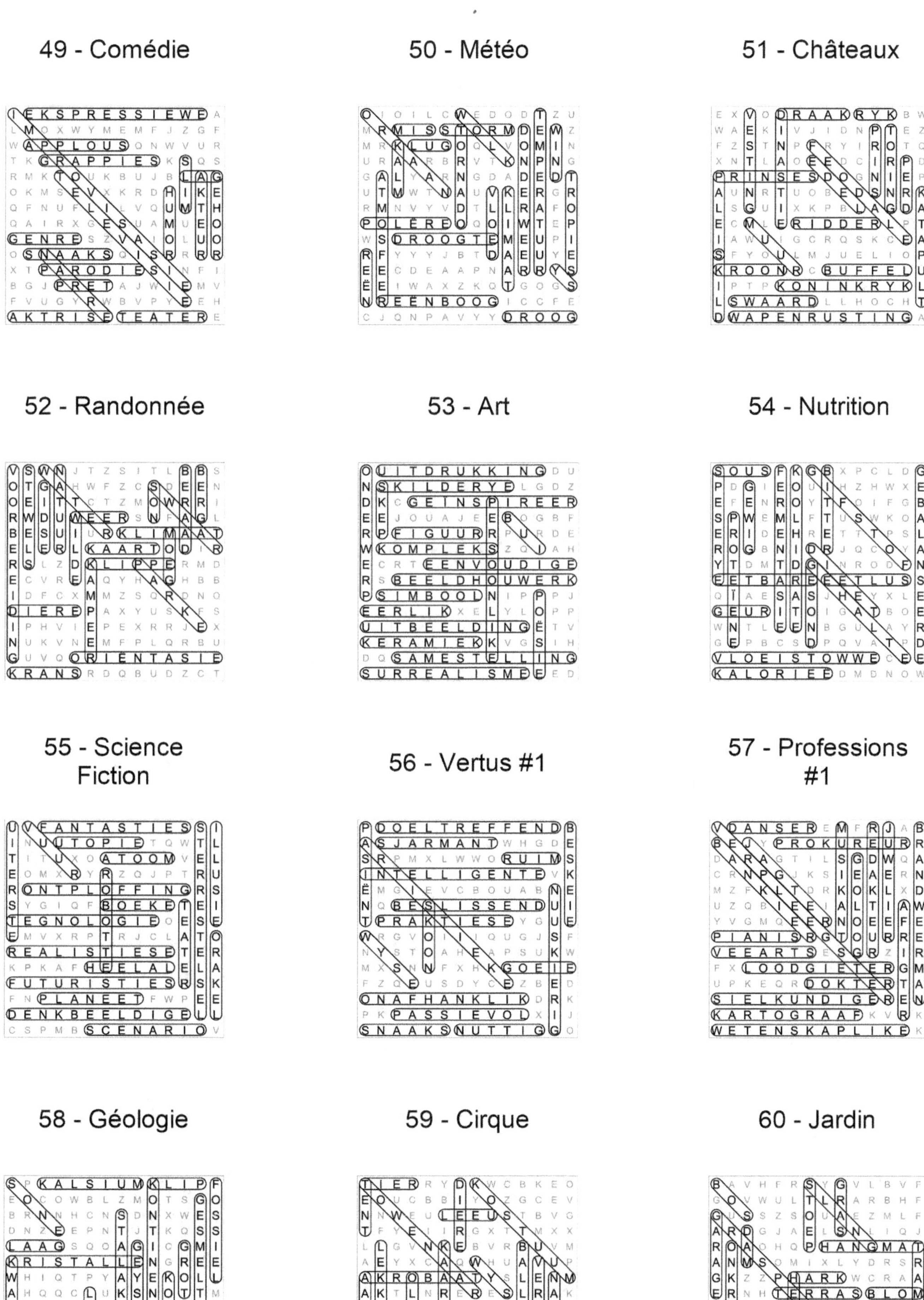

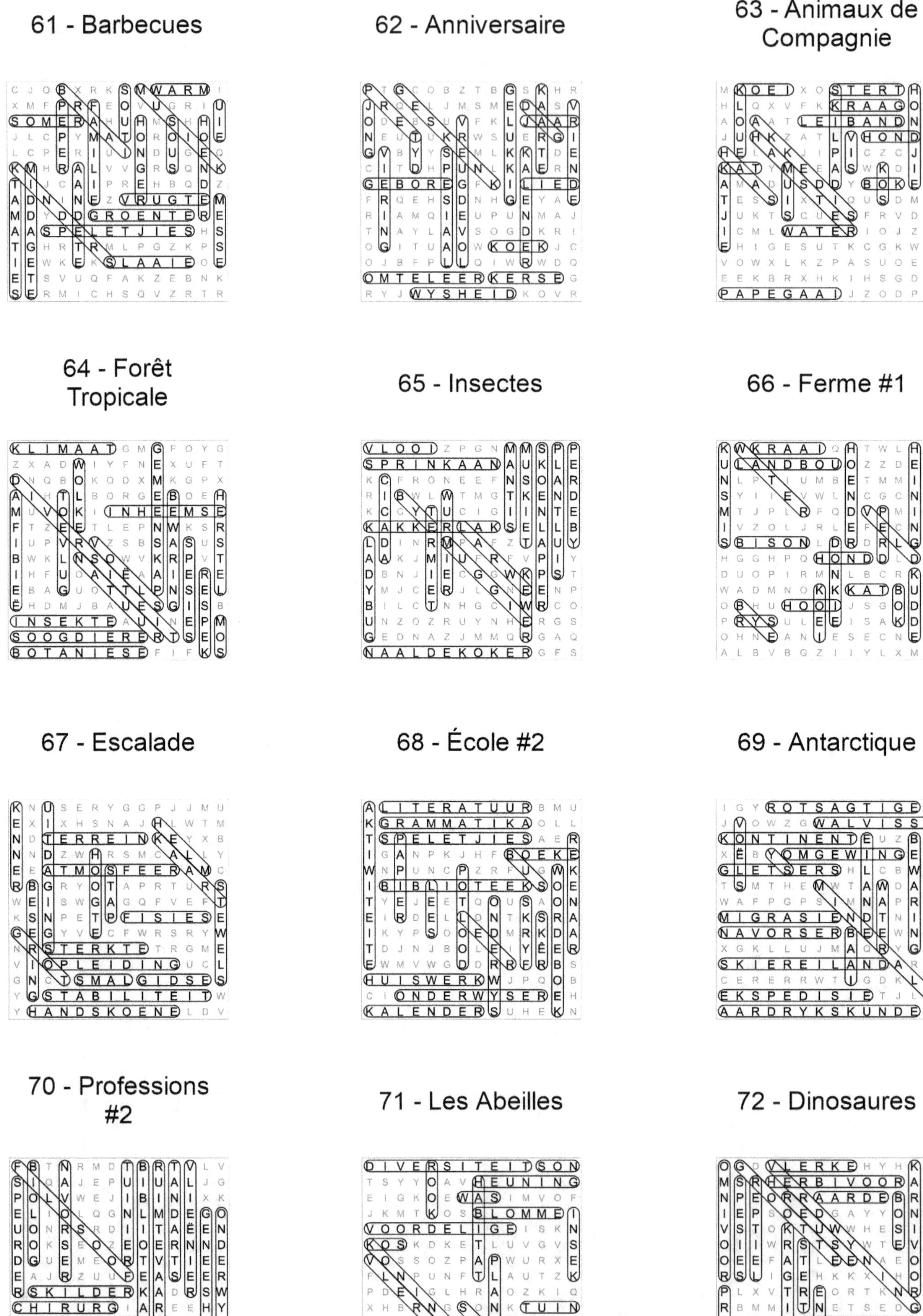

61 - Barbecues
62 - Anniversaire
63 - Animaux de Compagnie
64 - Forêt Tropicale
65 - Insectes
66 - Ferme #1
67 - Escalade
68 - École #2
69 - Antarctique
70 - Professions #2
71 - Les Abeilles
72 - Dinosaures

73 - Conduite

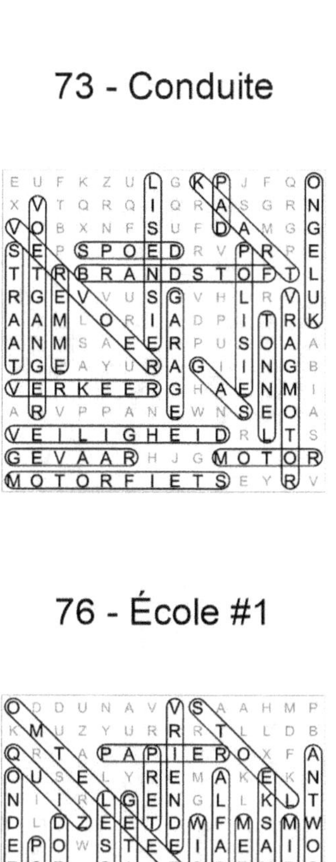

74 - Plantes

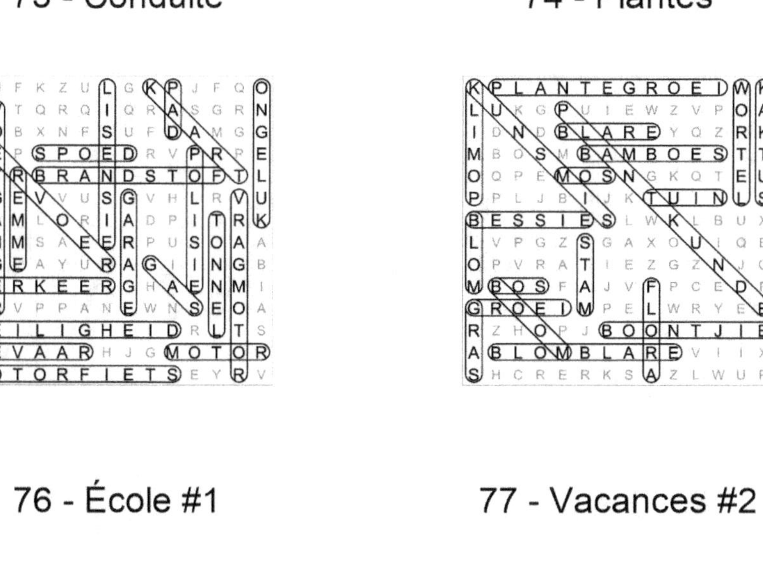

75 - Ferme #2

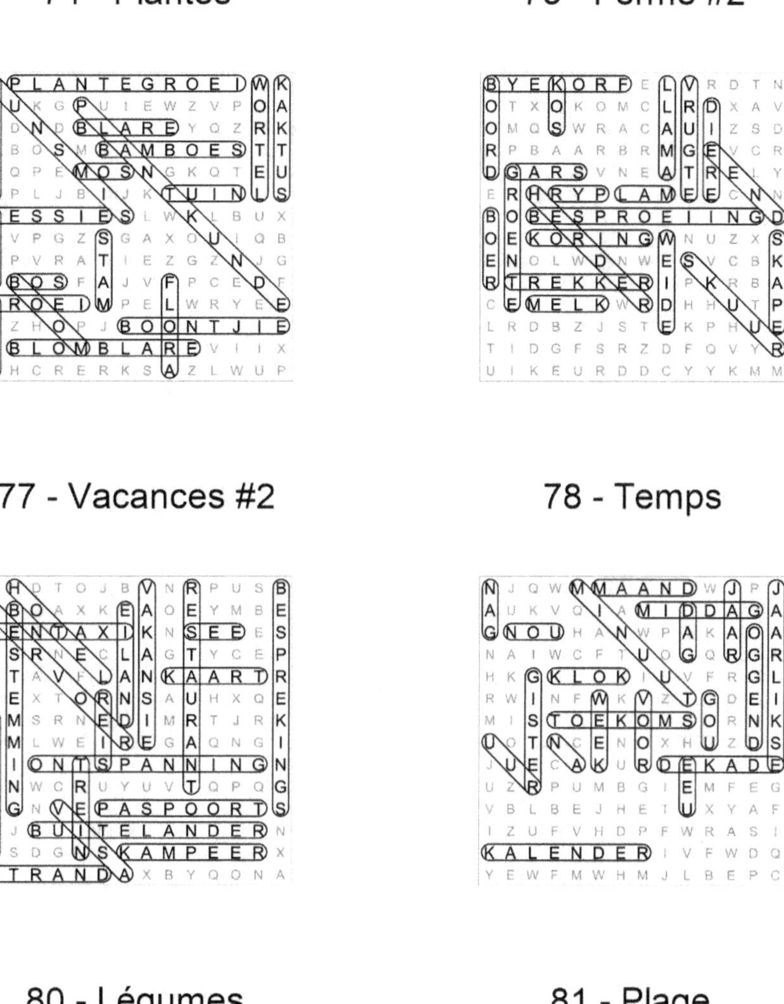

76 - École #1

77 - Vacances #2

78 - Temps

79 - Maison

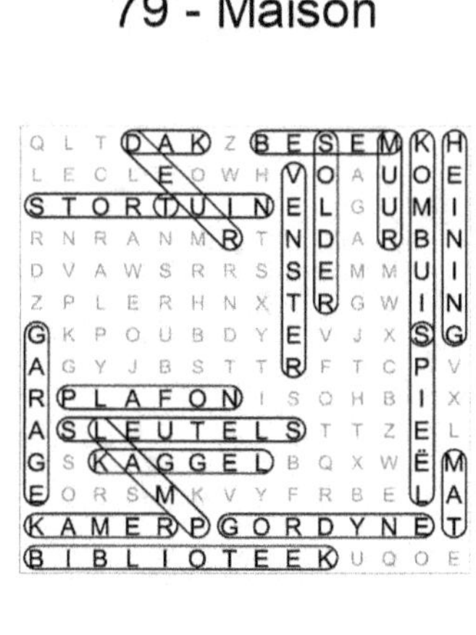

80 - Légumes

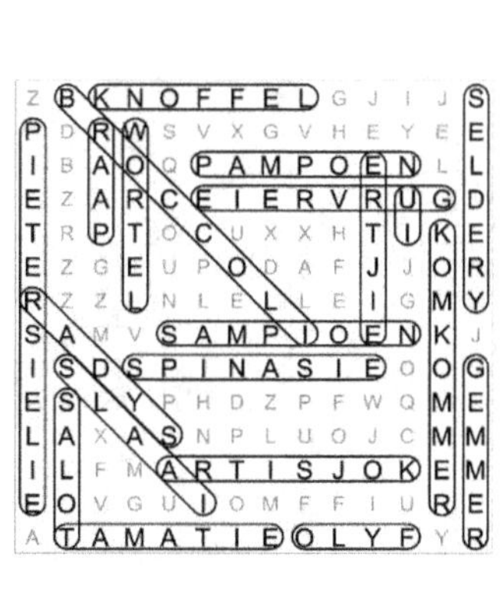

81 - Plage

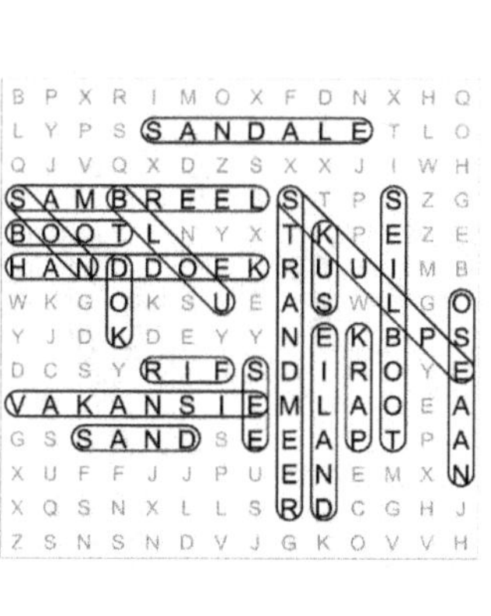

82 - Famille

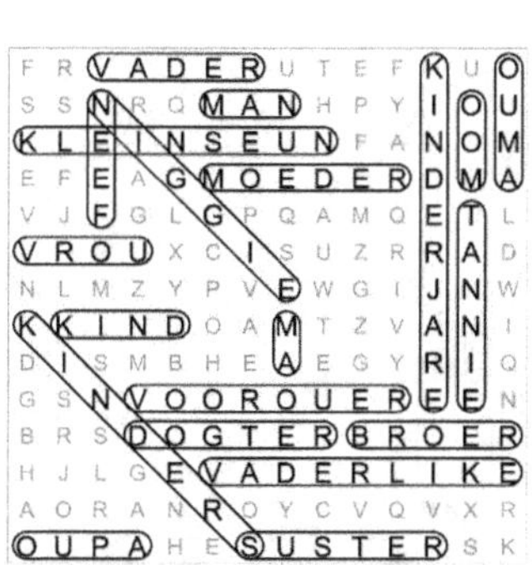

83 - Oiseaux

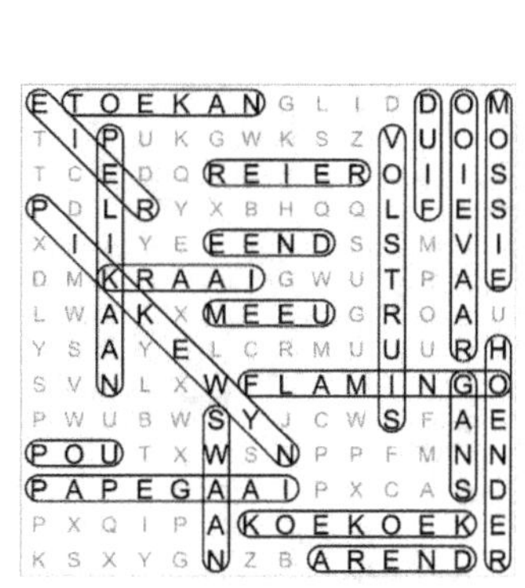

84 - Disciplines Scientifiques

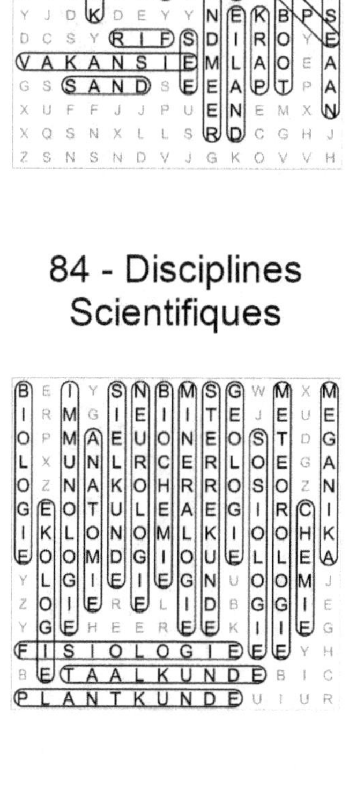

85 - Émotions

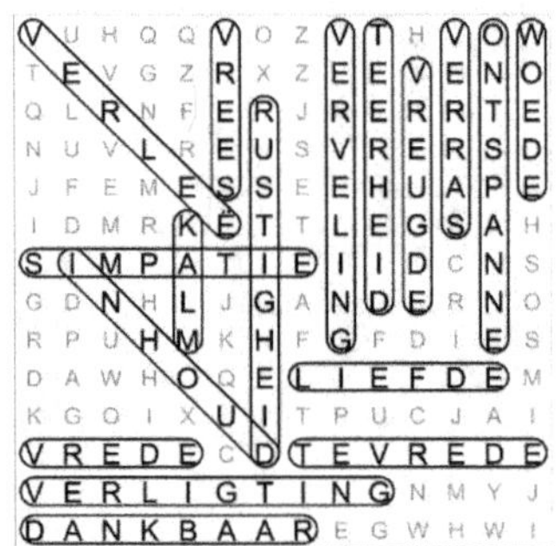

86 - Géographie

87 - Danse

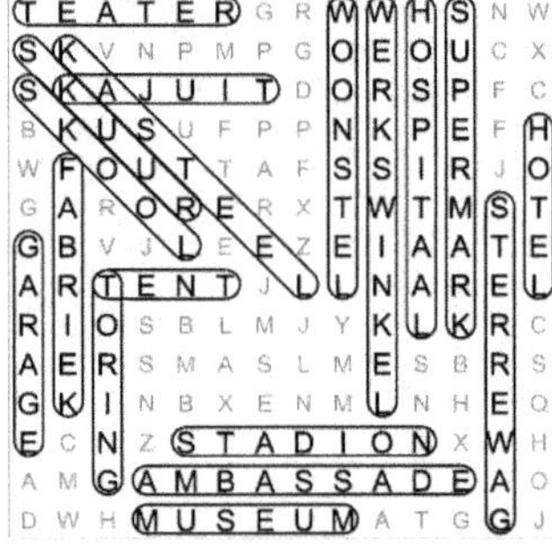

88 - Bâtiments

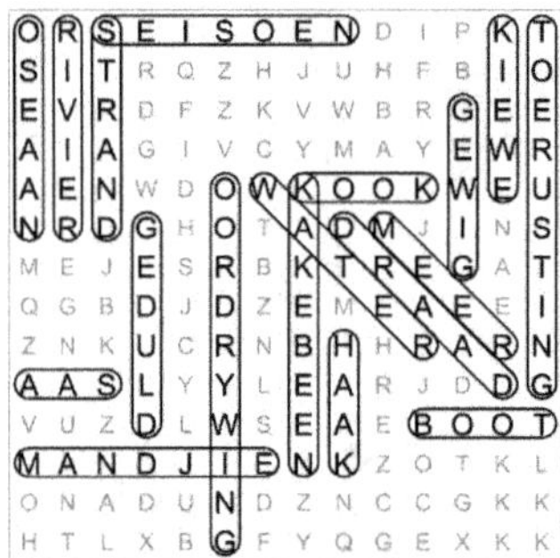

89 - Pêche

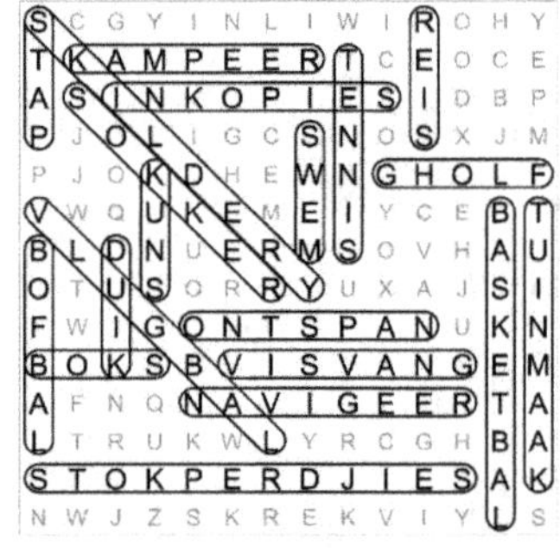

90 - Activités et Loisirs

91 - Livres

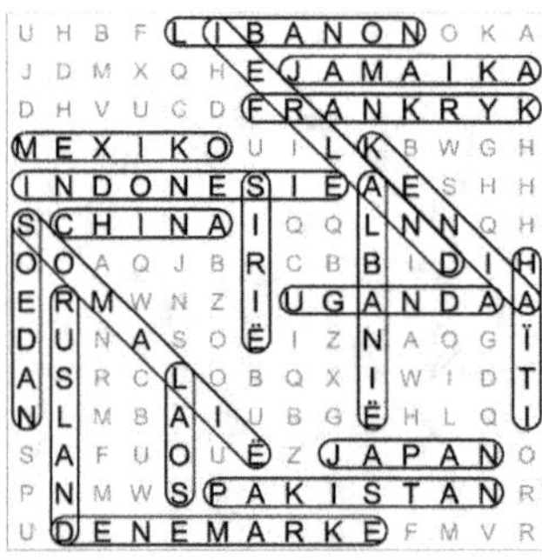

92 - Pays #2

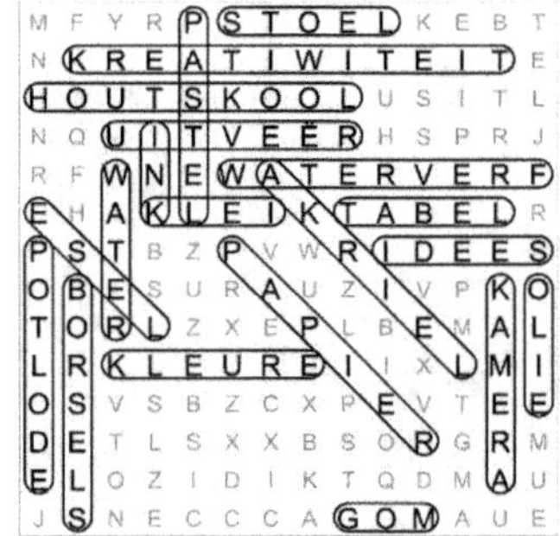

93 - Fournitures d'Art

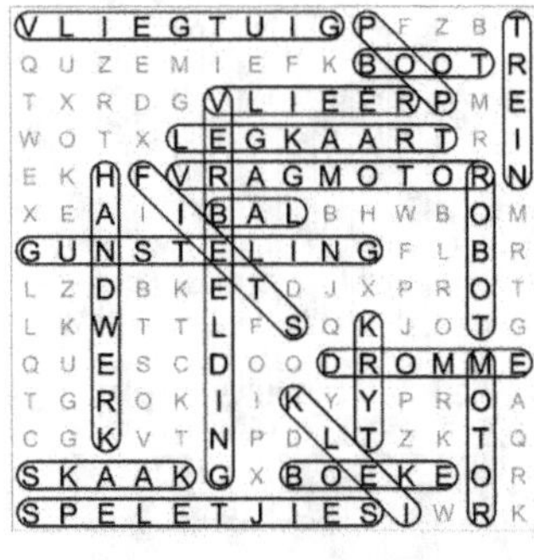

94 - Jouets

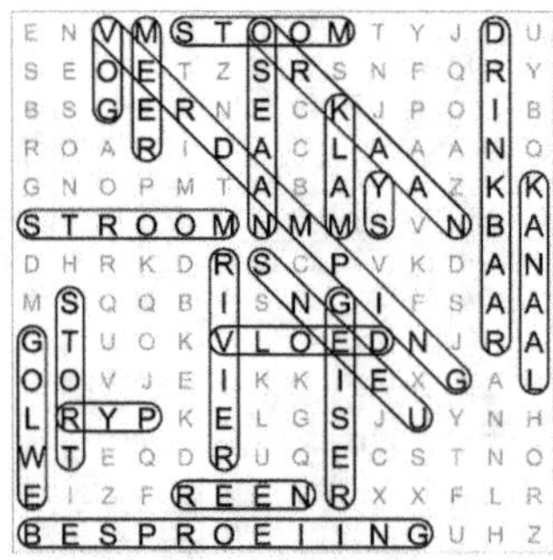

95 - Eau

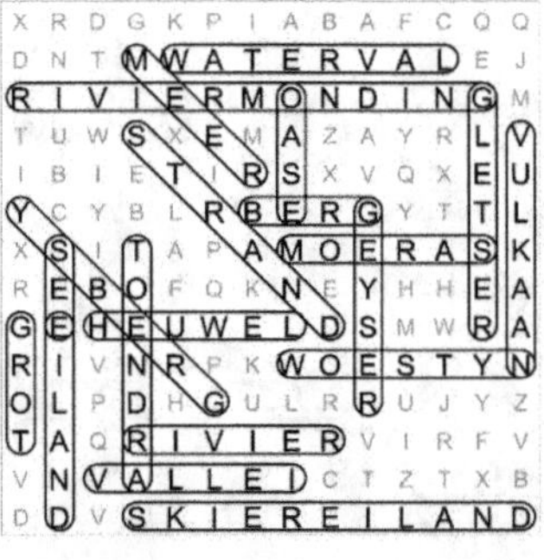

96 - Paysages

97 - Nombres

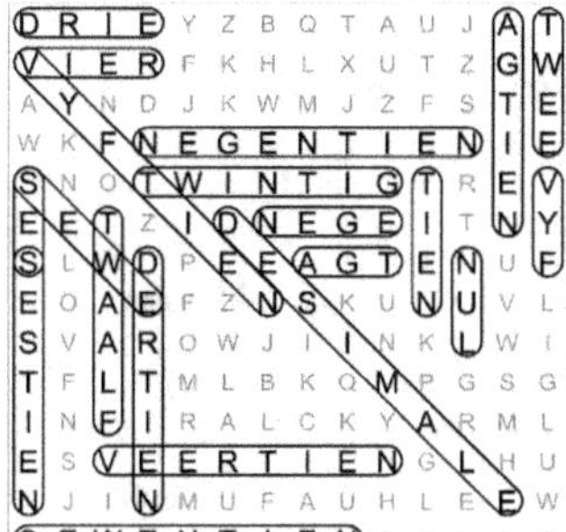

98 - Nature

99 - Bateaux

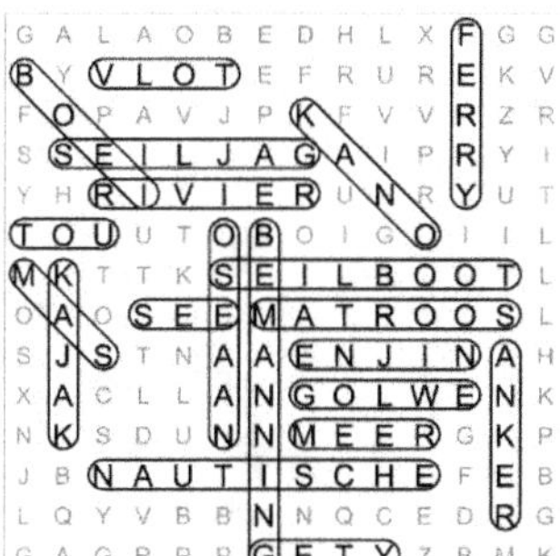

100 - Mesures

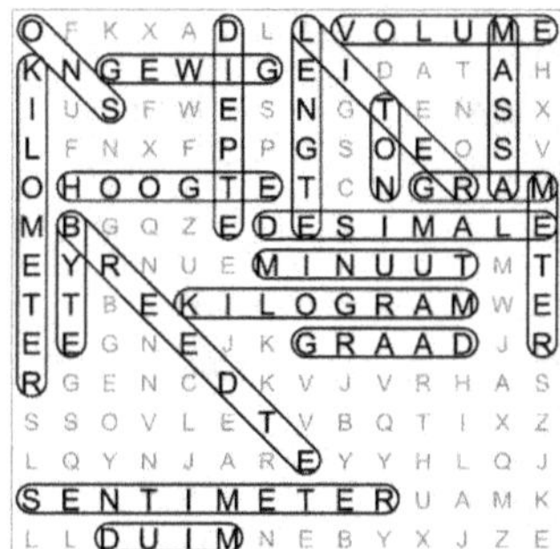

Dictionnaire

Activités
Aktiwiteite

Activité	Aktiwiteit
Art	Kuns
Artisanat	Handwerk
Camping	Kampeer
Céramique	Keramiek
Chasse	Jag
Compétence	Vaardigheid
Couture	Naaldwerk
Danse	Dans
Intérêts	Belange
Jardinage	Tuinmaak
Jeux	Speletjies
Lecture	Lees
Loisir	Ontspanning
Magie	Towerkuns
Peinture	Skildery
Pêche	Visvang
Photographie	Fotografie
Plaisir	Plesier
Randonnée	Stap

Activités et Loisirs
Aktiwiteite en Ontspanni

Achats	Inkopies
Art	Kuns
Base-Ball	Bofbal
Basket-Ball	Basketbal
Boxe	Boks
Camping	Kampeer
Football	Sokker
Golf	Gholf
Jardinage	Tuinmaak
Nager	Swem
Passe-Temps	Stokperdjies
Peinture	Skildery
Pêche	Visvang
Plongée	Duik
Randonnée	Stap
Relaxant	Ontspan
Surf	Navigeer
Tennis	Tennis
Volley-Ball	Vlugbal
Voyage	Reis

Adjectifs #1
Byvoeglike Naamwoorde #1

Absolu	Absolute
Actif	Aktiewe
Ambitieux	Ambisieuse
Aromatique	Aromatiese
Artistique	Artistieke
Attractif	Aantreklik
Beau	Pragtige
Exotique	Eksotiese
Énorme	Groot
Généreux	Ruim
Honnête	Eerlik
Identique	Identiese
Important	Belangrik
Innocent	Onskuldig
Jeune	Jong
Lent	Stadig
Lourd	Swaar
Mince	Dun
Moderne	Moderne
Parfait	Perfek

Adjectifs #2
Byvoeglike Naamwoorde #2

Authentique	Outentieke
Célèbre	Bekende
Créatif	Kreatiewe
Descriptif	Beskrywende
Doué	Begaafde
Dramatique	Dramaties
Élégant	Elegant
Fier	Trots
Fort	Sterk
Intéressant	Interessant
Naturel	Natuurlike
Nouveau	Nuwe
Productif	Produktiewe
Puissant	Kragtige
Pur	Suiwer
Sain	Gesond
Salé	Sout
Sauvage	Wilde
Sec	Droë
Somnolent	Slaperig

Animaux de Compagnie
Troeteldiere

Chat	Kat
Chaton	Katjie
Chèvre	Bok
Chien	Hond
Chiot	Hondjie
Collier	Kraag
Eau	Water
Griffes	Kloue
Hamster	Hamster
Laisse	Leiband
Lapin	Haas
Lézard	Akkedis
Nourriture	Kos
Perroquet	Papegaai
Poisson	Vis
Queue	Stert
Souris	Muis
Tortue	Skilpad
Vache	Koei
Vétérinaire	Veearts

Anniversaire
Verjaarsdag

Amis	Vriende
Amusement	Pret
Année	Jaar
Apprendre	Om te Leer
Bougies	Kerse
Cadeau	Geskenk
Calendrier	Kalender
Cartes	Kaarte
Chanson	Lied
Fête	Viering
Gâteau	Koek
Heureux	Gelukkig
Invitations	Uitnodigings
Jeune	Jong
Jour	Dag
Joyeux	Vreugdevol
Né	Gebore
Sagesse	Wysheid
Spécial	Spesiaal
Temps	Tyd

Antarctique
Antarktika

Baie	Baai
Baleines	Walvisse
Chercheur	Navorser
Conservation	Bewaring
Continent	Kontinent
Eau	Water
Environnement	Omgewing
Expédition	Ekspedisie
Géographie	Aardrykskunde
Glace	Ys
Glaciers	Gletsers
Îles	Eilande
Migration	Migrasie
Minéraux	Minerale
Oiseaux	Voëls
Péninsule	Skiereiland
Rocheux	Rotsagtige
Scientifique	Wetenskaplik
Température	Temperatuur
Topographie	Topografie

Art
Kuns

Céramique	Keramiek
Complexe	Kompleks
Composition	Samestelling
Créer	Skep
Dépeindre	Uitbeelding
Expression	Uitdrukking
Figure	Figuur
Honnête	Eerlik
Humeur	Bui
Inspiré	Geïnspireer
Original	Oorspronklike
Peintures	Skilderye
Personnel	Persoonlike
Poésie	Poësie
Sculpture	Beeldhouwerk
Simple	Eenvoudige
Sujet	Onderwerp
Surréalisme	Surrealisme
Symbole	Simbool
Visuel	Visuele

Arts Visuels
Visuele Kunste

Architecture	Argitektuur
Argile	Klei
Artiste	Kunstenaar
Céramique	Keramiek
Charbon	Houtskool
Chef-D'Œuvre	Meesterstuk
Chevalet	Esel
Cire	Was
Composition	Samestelling
Craie	Kryt
Crayon	Potlood
Créativité	Skeppings-
Film	Film
Peinture	Skildery
Perspective	Perspektief
Portrait	Portret
Poterie	Pottebakkery
Sculpture	Beeldhouwerk
Stylo	Pen
Vernis	Vernis

Astronomie
Sterrekunde

Astéroïde	Asteroïde
Astronaute	Ruimtevaarder
Astronome	Sterrekundige
Ciel	Lug
Constellation	Sterrebeeld
Cosmos	Kosmos
Éclipse	Verduistering
Équinoxe	Equinox
Fusée	Vuurpyl
Galaxie	Sterrestelsel
Lune	Maan
Météore	Meteoor
Nébuleuse	Newel
Observatoire	Sterrewag
Planète	Planeet
Radiation	Bestraling
Solaire	Sonkrag
Supernova	Supernova
Terre	Aarde
Univers	Heelal

Aventure
Avontuur

Activité	Aktiwiteit
Beauté	Skoonheid
Bravoure	Dapperheid
Chance	Kans
Dangereux	Gevaarlik
Destination	Bestemming
Difficulté	Probleme
Enthousiasme	Entoesiasme
Excursion	Uitstappie
Inhabituel	Ongewone
Itinéraire	Reisplan
Joie	Vreugde
Nature	Natuur
Navigation	Navigasie
Nouveau	Nuwe
Opportunité	Geleentheid
Préparation	Voorbereiding
Sécurité	Veiligheid
Surprenant	Verbasend
Voyages	Reis

Avions
Vliegtuie

Air	Lug
Atmosphère	Atmosfeer
Atterrissage	Landing
Aventure	Avontuur
Ballon	Ballon
Carburant	Brandstof
Construction	Konstruksie
Descente	Afkoms
Direction	Rigting
Équipage	Bemanning
Gonfler	Blaas
Hauteur	Hoogte
Hélices	Skroewe
Histoire	Geskiedenis
Hydrogène	Waterstof
Moteur	Enjin
Naviguer	Navigeer
Passager	Passasier
Pilote	Vlieënier
Turbulence	Turbulensie

Ballet
Ballet

Applaudissement	Applous
Artistique	Artistieke
Ballerine	Ballerina
Chorégraphie	Choreografie
Compétence	Vaardigheid
Compositeur	Komponis
Danseurs	Dansers
Expressif	Ekspressiewe
Geste	Gebaar
Gracieux	Grasieuse
Intensité	Intensiteit
Muscles	Spiere
Musique	Musiek
Orchestre	Orkes
Public	Gehoor
Répétition	Repetisie
Rythme	Ritme
Solo	Solo
Style	Styl
Technique	Tegniek

Barbecues
Barbecues

Chaud	Warm
Couteaux	Messe
Déjeuner	Middagete
Dîner	Aandete
Enfants	Kinders
Été	Somer
Faim	Honger
Famille	Familie
Fruit	Vrugte
Gril	Braai
Jeux	Speletjies
Légumes	Groente
Musique	Musiek
Oignons	Uie
Poivre	Peper
Poulet	Hoender
Salades	Slaaie
Sauce	Sous
Sel	Sout
Tomates	Tamaties

Bateaux
Bote

Ancre	Anker
Bouée	Boei
Canoë	Kano
Corde	Tou
Équipage	Bemanning
Ferry	Ferry
Fleuve	Rivier
Kayak	Kajak
Lac	Meer
Marée	Gety
Marin	Matroos
Mât	Mas
Mer	See
Moteur	Enjin
Nautique	Nautische
Océan	Oseaan
Radeau	Vlot
Vagues	Golwe
Voilier	Seilboot
Yacht	Seiljag

Bâtiments
Geboue

Ambassade	Ambassade
Appartement	Woonstel
Atelier	Werkswinkel
Cabine	Kajuit
Château	Kasteel
École	Skool
Garage	Garage
Grange	Skuur
Hôpital	Hospitaal
Hôtel	Hotel
Laboratoire	Laboratorium
Musée	Museum
Observatoire	Sterrewag
Stade	Stadion
Supermarché	Supermark
Tente	Tent
Théâtre	Teater
Tour	Toring
Université	Universiteit
Usine	Fabriek

Camping
Kampeer

Animaux	Diere
Aventure	Avontuur
Boussole	Kompas
Cabine	Kajuit
Canoë	Kano
Carte	Kaart
Chapeau	Hoed
Chasse	Jag
Corde	Tou
Équipement	Toerusting
Feu	Vuur
Forêt	Bos
Hamac	Hangmat
Insecte	Insek
Lac	Meer
Lanterne	Lantern
Lune	Maan
Montagne	Berg
Nature	Natuur
Tente	Tent

Championnat
Kampioenskap

Champion	Kampioen
Championnat	Kampioenskap
Endurance	Uithouvermoë
Entraîneur	Afrigter
Équipe	Span
Finaliste	Finalis
Jeux	Speletjies
Juge	Regter
Ligue	Liga
Médaille	Medalje
Motivation	Motivering
Performance	Prestasie
Sports	Sport
Stratégie	Strategie
Tournoi	Toernooi
Transpiration	Sweet
Victoire	Oorwinning

Châteaux
Kastele

Armure	Wapenrusting
Bouclier	Skild
Catapulte	Katapult
Cheval	Perd
Chevalier	Ridder
Couronne	Kroon
Dragon	Draak
Dynastie	Dinastie
Empire	Ryk
Épée	Swaard
Féodal	Feodale
Forteresse	Vesting
Licorne	Buffel
Mur	Muur
Noble	Edel
Palais	Paleis
Prince	Prins
Princesse	Prinses
Royaume	Koninkryk
Tour	Toring

Chocolat
Sjokolade

Amer	Bitter
Antioxydant	Antioksidant
Arôme	Aroma
Artisanal	Ambagsman
Bonbon	Lekkergoed
Cacao	Kakao
Calories	Kalorieë
Caramel	Karamel
Délicieux	Heerlike
Doux	Soet
Exotique	Eksotiese
Favori	Gunsteling
Goût	Smaak
Ingrédient	Bestanddeel
Noix de Coco	Klapper
Poudre	Poeier
Qualité	Gehalte
Recette	Resep
Saveur	Geur
Sucre	Suiker

Cirque
Sirkus

Acrobate	Akrobaat
Animaux	Diere
Ballons	Ballonne
Billet	Kaartjie
Bonbon	Lekkergoed
Clown	Nar
Costume	Kostuum
Divertir	Vermaak
Éléphant	Olifant
Jongleur	Jongleur
Lion	Leeu
Magicien	Towenaar
Magie	Towerkuns
Montrer	Wys
Musique	Musiek
Parade	Parade
Singe	Aap
Spectateur	Toeskouer
Tente	Tent
Tigre	Tier

Comédie
Komedie

Acteur	Akteur
Actrice	Aktrise
Amusement	Pret
Applaudissement	Applous
Blagues	Grappies
Clowns	Narre
Drôle	Snaaks
Expressif	Ekspressiewe
Genre	Genre
Humour	Humor
Improvisation	Improvisasie
Intelligent	Slim
Parodie	Parodie
Public	Gehoor
Rire	Lag
Télévision	Televisie
Théâtre	Teater

Conduite
Bestuur

Accident	Ongeluk
Camion	Vragmotor
Carburant	Brandstof
Carte	Kaart
Danger	Gevaar
Freins	Remme
Garage	Garage
Gaz	Gas
Licence	Lisensie
Moto	Motorfiets
Piéton	Voetganger
Police	Polisie
Route	Pad
Rue	Straat
Sécurité	Veiligheid
Trafic	Verkeer
Transport	Vervoer
Tunnel	Tonnel
Vitesse	Spoed
Voiture	Motor

Conservation
Bewaring

Changements	Veranderinge
Climat	Klimaat
Cycle	Siklus
Durable	Volhoubare
Eau	Water
Environnemental	Omgewing
Écosystème	Ekosisteem
Éducation	Onderwys
Habitat	Habitat
Naturel	Natuurlike
Organique	Organiese
Pesticide	Plaagdoder
Pollution	Besoedeling
Recycler	Herwin
Réduire	Verminder
Santé	Gesondheid
Vert	Groen

Corps Humain
Die Menslike Liggaam

Bouche	Mond
Cerveau	Brein
Cheville	Enkel
Cou	Nek
Coude	Elmboog
Cœur	Hart
Doigt	Vinger
Estomac	Maag
Épaule	Skouer
Genou	Knie
Lèvres	Lippe
Main	Hand
Mâchoire	Kakebeen
Menton	Ken
Nez	Neus
Oreille	Oor
Peau	Vel
Sang	Bloed
Tête	Kop
Visage	Gesig

Couleurs
Die Kleure

Beige	Beige
Blanc	Wit
Bleu	Blou
Cyan	Siaan
Fuchsia	Fuchsia
Gris	Grys
Indigo	Indigo
Jaune	Geel
Magenta	Magenta
Marron	Bruin
Noir	Swart
Orange	Oranje
Rose	Pienk
Rouge	Rooi
Sépia	Sepia
Vert	Groen
Violet	Pers

Cuisine
Kombuis

Baguettes	Eetstokkies
Bol	Bak
Bouilloire	Ketel
Congélateur	Vrieskas
Couteaux	Messe
Cruche	Beker
Cuillères	Lepels
Épices	Speserye
Éponge	Spons
Four	Oond
Fourchettes	Vurke
Gril	Braai
Louche	Skeplepel
Nourriture	Kos
Pot	Pot
Recette	Resep
Réfrigérateur	Yskas
Serviette	Servet
Tablier	Voorskoot
Tasses	Koppies

Danse
Dans

Académie	Akademie
Art	Kuns
Chorégraphie	Choreografie
Classique	Klassieke
Corps	Liggaam
Culture	Kultuur
Culturel	Kulturele
Expressif	Ekspressiewe
Émotion	Emosie
Grâce	Genade
Joyeux	Vreugdevol
Mouvement	Beweging
Musique	Musiek
Partenaire	Vennoot
Posture	Postuur
Répétition	Repetisie
Rythme	Ritme
Saut	Spring
Traditionnel	Tradisioneel
Visuel	Visuele

Dinosaures
Dinosourusse

Ailes	Vlerke
Carnivore	Karnivoor
Disparition	Verdwyning
Espèce	Spesies
Énorme	Enorme
Évolution	Evolusie
Fossiles	Fossiele
Grand	Groot
Herbivore	Herbivoor
Mammouth	Reuse
Omnivore	Omnivoor
Préhistorique	Prehistoriese
Proie	Prooi
Puissant	Kragtige
Queue	Stert
Reptile	Reptiel
Taille	Grootte
Terre	Aarde
Vicieux	Bose

Disciplines Scientifiques
Wetenskaplike Dissiplines

Anatomie	Anatomie
Archéologie	Argeologie
Astronomie	Sterrekunde
Biochimie	Biochemie
Biologie	Biologie
Botanique	Plantkunde
Chimie	Chemie
Écologie	Ekologie
Géologie	Geologie
Immunologie	Immunologie
Linguistique	Taalkunde
Mécanique	Meganika
Météorologie	Meteorologie
Minéralogie	Mineralogie
Neurologie	Neurologie
Physiologie	Fisiologie
Psychologie	Sielkunde
Sociologie	Sosiologie
Thermodynamique	Termodinamika
Zoologie	Dierkunde

Eau
Water

Canal	Kanaal
Douche	Stort
Évaporation	Verdamping
Fleuve	Rivier
Flux	Stroom
Gel	Ryp
Geyser	Geiser
Glace	Ys
Humide	Klam
Humidité	Vog
Inondation	Vloed
Irrigation	Besproeiing
Lac	Meer
Neige	Sneeu
Océan	Oseaan
Ouragan	Orkaan
Pluie	Reën
Potable	Drinkbaar
Vagues	Golwe
Vapeur	Stoom

Escalade
Klim

Altitude	Hoogte
Atmosphère	Atmosfeer
Blessure	Besering
Bottes	Stewels
Carte	Kaart
Casque	Helm
Défis	Uitdagings
Expert	Kenner
Étroit	Smal
Force	Sterkte
Formation	Opleiding
Gants	Handskoene
Grotte	Grot
Guides	Gidse
Physique	Fisies
Randonnée	Stap
Stabilité	Stabiliteit
Terrain	Terrein

Exploration
Eksplorasie

Activité	Aktiwiteit
Animaux	Diere
Apprendre	Om te Leer
Courage	Moed
Cultures	Kulture
Dangers	Gevare
Découverte	Ontdekking
Détermination	Bepaling
Espace	Ruimte
Excitation	Opwinding
Épuisement	Uitputting
Inconnu	Onbekend
Langue	Taal
Lointain	Verre
Nouveau	Nuwe
Périlleux	Gevaarlik
Quête	Soeke
Sauvage	Wilde
Terrain	Terrein
Voyage	Reis

Échecs
Skaak

Adversaire	Teenstander
Apprendre	Om te Leer
Blanc	Wit
Champion	Kampioen
Concours	Wedstryd
Défis	Uitdagings
Diagonal	Diagonaal
Intelligent	Slim
Jeu	Spel
Joueur	Speler
Noir	Swart
Passif	Passiewe
Points	Punte
Reine	Koningin
Règles	Reëls
Roi	Koning
Sacrifice	Offer
Stratégie	Strategie
Temps	Tyd
Tournoi	Toernooi

École #1
Skool #1

Alphabet	Alfabet
Amis	Vriende
Amusement	Pret
Apprendre	Om te Leer
Bibliothèque	Biblioteek
Bureau	Lessenaar
Chaise	Stoel
Crayon	Potlood
Déjeuner	Middagete
Dossiers	Dopgehou
Enseignant	Onderwyser
Examens	Eksamens
Livres	Boeke
Marqueurs	Merkers
Math	Wiskunde
Nombres	Getalle
Papier	Papier
Quiz	Quiz
Réponses	Antwoorde
Salle de Classe	Klaskamer

École #2
Skool #2

Activités	Aktiwiteite
Apprentissage	Leer
Bibliothèque	Biblioteek
Bus	Bus
Calendrier	Kalender
Ciseaux	Skêr
Crayon	Potlood
Devoirs	Huiswerk
Dictionnaire	Woordeboek
Enseignant	Onderwyser
Écriture	Skryf
Éducation	Onderwys
Grammaire	Grammatika
Jeux	Speletjies
Lecture	Lees
Littérature	Literatuur
Livres	Boeke
Ordinateur	Rekenaar
Papier	Papier
Science	Wetenskap

Écologie
Ekologie

Bénévoles	Vrywilligers
Climat	Klimaat
Communautés	Gemeenskappe
Diversité	Diversiteit
Durable	Volhoubare
Espèce	Spesies
Faune	Fauna
Flore	Flora
Global	Globale
Habitat	Habitat
Marais	Marsh
Marin	Mariene
Montagnes	Berge
Nature	Natuur
Naturel	Natuurlike
Plantes	Plante
Ressources	Hulpbronne
Sécheresse	Droogte
Survie	Oorlewing
Végétation	Plantegroei

Émotions
Emosies

Amour	Liefde
Calme	Kalm
Colère	Woede
Contenu	Inhoud
Détendu	Ontspanne
Embarrassé	Verleë
Ennui	Verveling
Excité	Opgewonde
Joie	Vreugde
Paix	Vrede
Peur	Vrees
Reconnaissant	Dankbaar
Relief	Verligting
Satisfait	Tevrede
Surprise	Verras
Sympathie	Simpatie
Tendresse	Teerheid
Tranquillité	Rustigheid
Tristesse	Hartseer

Épices
Speserye

Aigre	Suur
Ail	Knoffel
Amer	Bitter
Anis	Anys
Cannelle	Kaneel
Cardamome	Kardemom
Coriandre	Koljander
Cumin	Komyn
Curry	Kerrie
Fenouil	Vinkel
Gingembre	Gemmer
Muscade	Neutmuskaat
Oignon	Ui
Paprika	Paprika
Poivre	Peper
Réglisse	Drop
Safran	Saffraan
Saveur	Geur
Sel	Sout
Vanille	Vanielje

Été
Somer

Amis	Vriende
Camping	Kampeer
Étoiles	Sterre
Famille	Familie
Jardin	Tuin
Jeux	Speletjies
Joie	Vreugde
Livres	Boeke
Loisir	Ontspanning
Mer	See
Musique	Musiek
Nourriture	Kos
Plage	Strand
Plongée	Duik
Sandales	Sandale
Vacances	Vakansie
Voyage	Reis

Famille
Familie

Ancêtre	Voorouer
Enfance	Kinderjare
Enfant	Kind
Enfants	Kinders
Femme	Vrou
Fille	Dogter
Frère	Broer
Grand-Mère	Ouma
Grand-Père	Oupa
Mari	Man
Maternel	Moeder
Mère	Ma
Neveu	Neef
Nièce	Niggie
Oncle	Oom
Paternel	Vaderlike
Petit-Fils	Kleinseun
Père	Vader
Soeur	Suster
Tante	Tannie

Ferme #1
Plaas #1

Abeille	Bye
Agriculture	Landbou
Âne	Donkie
Bison	Bison
Champ	Veld
Chat	Kat
Cheval	Perd
Chèvre	Bok
Chien	Hond
Clôture	Heining
Corbeau	Kraai
Eau	Water
Engrais	Kunsmis
Foin	Hooi
Miel	Heuning
Poulet	Hoender
Riz	Rys
Troupeau	Kudde
Vache	Koei
Veau	Kalf

Ferme #2
Plaas #2

Agneau	Lam
Agriculteur	Boer
Animaux	Diere
Berger	Herder
Blé	Koring
Canard	Eend
Fruit	Vrugte
Grange	Skuur
Irrigation	Besproeiing
Lait	Melk
Lama	Llama
Légume	Groente
Mouton	Skape
Mûr	Ryp
Nourriture	Kos
Orge	Gars
Pré	Weide
Ruche	Byekorf
Tracteur	Trekker
Verger	Boord

Fleurs
Blomme

Bouquet	Boeket
Gardénia	Gardenia
Hibiscus	Hibiskus
Jasmin	Jasmyn
Lavande	Laventel
Lilas	Lila
Lys	Lelie
Magnolia	Magnolia
Marguerite	Madeliefie
Orchidée	Orgidee
Passiflore	Passieblom
Pavot	Papawer
Pétale	Blomblare
Pissenlit	Paardebloem
Pivoine	Pioen
Plumeria	Plumeria
Rose	Rose
Tournesol	Sonneblom
Trèfle	Klawer
Tulipe	Tulp

Forêt Tropicale
Reënwoud

Amphibiens	Amfibieë
Botanique	Botaniese
Climat	Klimaat
Communauté	Gemeenskap
Diversité	Diversiteit
Espèce	Spesies
Indigène	Inheemse
Insectes	Insekte
Mammifères	Soogdiere
Mousse	Mos
Nature	Natuur
Nuage	Wolke
Oiseaux	Voëls
Précieux	Waardevolle
Préservation	Bewaring
Refuge	Toevlug
Respect	Respek
Restauration	Herstel
Survie	Oorlewing

Formes
Vorms

Arc	Lnr
Bords	Kante
Carré	Vierkante
Cercle	Sirkel
Coin	Hoek
Courbe	Kurwe
Cône	Keël
Côté	Kant
Cube	Kubus
Cylindre	Silinder
Ellipse	Ellips
Hyperbole	Hiperbool
Ligne	Lyn
Ovale	Ovaal
Polygone	Veelhoek
Prisme	Prisma
Pyramide	Piramide
Rectangle	Reghoek
Sphère	Sfeer
Triangle	Driehoek

Fournitures d'Art
Kunsbenodigdhede

Acrylique	Akriel
Aquarelles	Waterverf
Argile	Klei
Brosses	Borsels
Caméra	Kamera
Chaise	Stoel
Charbon	Houtskool
Chevalet	Esel
Colle	Gom
Couleurs	Kleure
Crayons	Potlode
Créativité	Kreatiwiteit
Eau	Water
Encre	Ink
Gomme	Uitveër
Huile	Olie
Idées	Idees
Papier	Papier
Pastels	Pastel
Table	Tabel

Fruit
Vrugte

Abricot	Appelkoos
Ananas	Pynappel
Avocat	Avokado
Baie	Bessie
Banane	Piesang
Cantaloup	Spanspek
Cerise	Kersie
Citron	Suurlemoen
Framboise	Framboos
Goyave	Koejawel
Kiwi	Kiwi
Mangue	Mango
Nectarine	Nektarien
Orange	Oranje
Papaye	Papaja
Pêche	Perske
Poire	Peer
Pomme	Appel
Prune	Pruim
Raisin	Druiwe

Gentillesse
Vriendelikheid

Aimant	Liefdevolle
Amical	Vriendelike
Attentif	Aandagtig
Authentique	Eg
Compatissant	Barmhartige
Compréhension	Begrip
Doux	Sagte
Fiable	Betroubaar
Généreux	Ruim
Heureux	Gelukkig
Honnête	Eerlik
Hospitalier	Gasvry
Patient	Pasiënt
Respectueux	Respek
Réceptif	Ontvanklik
Tolérant	Verdraagsaam
Utile	Nuttig

Géographie
Aardrykskunde

Altitude	Hoogte
Atlas	Atlas
Carte	Kaart
Continent	Kontinent
Fleuve	Rivier
Hémisphère	Halfrond
Île	Eiland
Latitude	Latitude
Mer	See
Méridien	Meridiaan
Monde	Heelal
Montagne	Berg
Nord	Noord
Océan	Oseaan
Ouest	Wes
Pays	Land
Région	Streek
Sud	Suid
Territoire	Gebied
Ville	Stad

Géologie
Geologie

Acide	Suur
Calcium	Kalsium
Caverne	Grot
Continent	Kontinent
Corail	Koraal
Couche	Laag
Cristaux	Kristalle
Érosion	Erosie
Fondu	Gesmelte
Fossile	Fossiel
Geyser	Geyser
Lave	Lava
Minéraux	Minerale
Pierre	Klip
Plateau	Plato
Quartz	Kwarts
Sel	Sout
Stalactite	Stalaktiet
Volcan	Vulkaan
Zone	Sone

Herboristerie
Kruiemedisyne

Ail	Knoffel
Aromatique	Aromatiese
Basilic	Basiliekruid
Bénéfique	Voordelige
Culinaire	Kulinêre
Estragon	Dragon
Fenouil	Vinkel
Fleur	Blom
Ingrédient	Bestanddeel
Jardin	Tuin
Lavande	Laventel
Marjolaine	Marjolein
Menthe	Kruisement
Persil	Pietersielie
Qualité	Gehalte
Romarin	Roosmaryn
Safran	Saffraan
Saveur	Geur
Thym	Tiemie
Vert	Groen

Insectes
Insekte

Abeille	Bye
Cafard	Kakkerlak
Cigale	Cicada
Coccinelle	Ladybug
Fourmi	Mier
Guêpe	Perdeby
Larve	Larwe
Libellule	Naaldekoker
Mante	Mantis
Moucheron	Muggie
Moustique	Muskiet
Papillon	Skoenlapper
Puce	Vlooi
Puceron	Plantluis
Sauterelle	Sprinkaan
Scarabée	Kewer
Termite	Termiet
Ver	Wurm

Instruments de Musique
Musikale Instrumente

Banjo	Banjo
Basson	Fagot
Clarinette	Klarinet
Flûte	Fluit
Gong	Gong
Guitare	Kitaar
Harmonica	Harmonica
Harpe	Harp
Hautbois	Hobo
Mandoline	Mandolien
Marimba	Marimba
Percussion	Perkussie
Piano	Klavier
Saxophone	Saksofoon
Tambour	Drom
Tambourin	Tamboeryn
Trombone	Trombone
Trompette	Basuin
Violon	Viool
Violoncelle	Tjello

Jardin
Tuin

Arbre	Boom
Banc	Bank
Buisson	Bos
Clôture	Heining
Étang	Dam
Fleur	Blom
Garage	Garage
Hamac	Hangmat
Herbe	Gras
Jardin	Tuin
Mauvaises Herbes	Onkruid
Pelle	Graaf
Pelouse	Grasperk
Porche	Stoep
Râteau	Hark
Sol	Grond
Terrasse	Terras
Trampoline	Trampolien
Tuyau	Slang
Verger	Boord

Jouets
Speelgoed

Argile	Klei
Artisanat	Handwerk
Avion	Vliegtuig
Balle	Bal
Bateau	Boot
Camion	Vragmotor
Cerf-Volant	Vlieër
Crayons	Kryt
Échecs	Skaak
Favori	Gunsteling
Imagination	Verbeelding
Jeux	Speletjies
Livres	Boeke
Poupée	Pop
Puzzle	Legkaart
Robot	Robot
Tambours	Dromme
Train	Trein
Vélo	Fiets
Voiture	Motor

Jours et Mois
Dae en Maande

Août	Augustus
Avril	April
Calendrier	Kalender
Dimanche	Sondag
Février	Februarie
Janvier	Januarie
Jeudi	Donderdag
Juillet	Julie
Juin	Junie
Lundi	Maandag
Mardi	Dinsdag
Mars	Maart
Mercredi	Woensdag
Mois	Maand
Novembre	November
Octobre	Oktober
Samedi	Saterdag
Semaine	Week
Septembre	September
Vendredi	Vrydag

Les Abeilles
Bye

Ailes	Vlerke
Bénéfique	Voordelige
Cire	Was
Diversité	Diversiteit
Essaim	Swerm
Écosystème	Ekosisteem
Fleur	Bloeisel
Fleurs	Blomme
Fruit	Vrugte
Fumée	Rook
Habitat	Habitat
Insecte	Insek
Jardin	Tuin
Miel	Heuning
Nourriture	Kos
Plantes	Plante
Pollen	Stuifmeel
Reine	Koningin
Ruche	Korf
Soleil	Son

Légumes
Groente

Ail	Knoffel
Artichaut	Artisjok
Aubergine	Eiervrug
Brocoli	Broccoli
Carotte	Wortel
Céleri	Seldery
Champignon	Sampioen
Citrouille	Pampoen
Concombre	Komkommer
Échalote	Salot
Épinard	Spinasie
Gingembre	Gemmer
Navet	Raap
Oignon	Ui
Olive	Olyf
Persil	Pietersielie
Pois	Ertjie
Radis	Radys
Salade	Slaai
Tomate	Tamatie

Littérature
Letterkunde

Analogie	Analogie
Analyse	Analise
Anecdote	Anekdote
Auteur	Outeur
Biographie	Biografie
Comparaison	Vergelyking
Description	Beskrywing
Dialogue	Dialoog
Fiction	Fiksie
Métaphore	Metafoor
Narrateur	Verteller
Opinion	Opinie
Poème	Gedig
Poétique	Poëtiese
Rime	Rym
Roman	Boek
Rythme	Ritme
Style	Styl
Thème	Tema
Tragédie	Tragedie

Livres
Boeke

Auteur	Outeur
Aventure	Avontuur
Collection	Versameling
Contexte	Konteks
Dualité	Dualiteit
Épique	Epiese
Histoire	Storie
Historique	Historiese
Humoristique	Humoristiese
Inventif	Vindingryke
Lecteur	Leser
Littéraire	Literêre
Narrateur	Verteller
Page	Bladsy
Pertinent	Relevant
Poème	Gedig
Poésie	Poësie
Roman	Boek
Série	Reeks
Tragique	Tragies

Maison
Huis

Balai	Besem
Bibliothèque	Biblioteek
Chambre	Kamer
Cheminée	Kaggel
Clés	Sleutels
Clôture	Heining
Cuisine	Kombuis
Douche	Stort
Fenêtre	Venster
Garage	Garage
Grenier	Solder
Jardin	Tuin
Lampe	Lamp
Miroir	Spieël
Mur	Muur
Plafond	Plafon
Porte	Deur
Rideaux	Gordyne
Tapis	Mat
Toit	Dak

Mammifères
Soogdiere

Baleine	Walvis
Chat	Kat
Cheval	Perd
Chien	Hond
Coyote	Coyote
Dauphin	Dolfyn
Éléphant	Olifant
Girafe	Kameelperd
Gorille	Gorilla
Kangourou	Kangaroe
Lapin	Haas
Lion	Leeu
Loup	Wolf
Mouton	Skape
Ours	Beer
Renard	Jakkals
Singe	Aap
Taureau	Bul
Tigre	Tier
Zèbre	Sebra

Mathématiques
Wiskunde

Angles	Hoeke
Arithmétique	Rekenkunde
Carré	Vierkante
Décimal	Desimale
Diamètre	Deursnee
Exposant	Eksponent
Équation	Vergelyking
Fraction	Breuk
Géométrie	Meetkunde
Parallèle	Parallel
Parallélogramme	Parallelogram
Perpendiculaire	Loodreg
Périmètre	Omtrek
Polygone	Veelhoek
Rayon	Radius
Rectangle	Reghoek
Somme	Som
Symétrie	Simmetrie
Triangle	Driehoek
Volume	Volume

Mesures
Metings

Centimètre	Sentimeter
Degré	Graad
Décimal	Desimale
Gramme	Gram
Hauteur	Hoogte
Kilogramme	Kilogram
Kilomètre	Kilometer
Largeur	Breedte
Litre	Liter
Longueur	Lengte
Masse	Massa
Mètre	Meter
Minute	Minuut
Octet	Byte
Once	Ons
Poids	Gewig
Pouce	Duim
Profondeur	Diepte
Tonne	Ton
Volume	Volume

Méditation
Meditasie

Acceptation	Aanvaarding
Attention	Aandag
Calme	Kalm
Clarté	Duidelikheid
Compassion	Deernis
Esprit	Gedagte
Émotions	Emosies
Éveillé	Wakker
Gratitude	Dankbaarheid
Habitudes	Gewoontes
Mental	Geestelike
Mouvement	Beweging
Musique	Musiek
Nature	Natuur
Observation	Waarneming
Paix	Vrede
Perspective	Perspektief
Posture	Postuur
Respiration	Asemhaling
Silence	Stilte

Météo
Weer

Arc-En-Ciel	Reënboog
Atmosphère	Atmosfeer
Brouillard	Mis
Calme	Kalm
Ciel	Lug
Climat	Klimaat
Glace	Ys
Inondation	Vloed
Mousson	Reën
Nuage	Wolk
Ouragan	Orkaan
Polaire	Polêre
Sec	Droog
Sécheresse	Droogte
Température	Temperatuur
Tempête	Storm
Tonnerre	Donderweer
Tornade	Tornado
Tropical	Tropies
Vent	Wind

Mythologie
Mitologie

Archétype	Argetipe
Catastrophe	Ramp
Comportement	Gedrag
Création	Skepping
Créature	Skepsel
Croyances	Oortuigings
Culture	Kultuur
Éclair	Weerlig
Force	Sterkte
Guerrier	Kryger
Héroïne	Heldin
Héros	Held
Jalousie	Jaloesie
Labyrinthe	Labirint
Légende	Legende
Magique	Magiese
Monstre	Monster
Mortel	Sterflike
Tonnerre	Donderweer
Vengeance	Wraak

Nature
Die Natuur

Abeilles	Bye
Abri	Skuiling
Animaux	Diere
Arctique	Arktiese
Beauté	Skoonheid
Brouillard	Mis
Désert	Woestyn
Dynamique	Dinamies
Érosion	Erosie
Feuillage	Blare
Fleuve	Rivier
Forêt	Bos
Glacier	Gletser
Nuage	Wolke
Paisible	Vreedsame
Sanctuaire	Heiligdom
Sauvage	Wilde
Serein	Rustige
Tropical	Tropies
Vital	Noodsaaklik

Nombres
Nommers

Cinq	Vyf
Deux	Twee
Décimal	Desimale
Dix	Tien
Dix-Huit	Agtien
Dix-Neuf	Negentien
Dix-Sept	Sewentien
Douze	Twaalf
Huit	Agt
Neuf	Nege
Quatorze	Veertien
Quatre	Vier
Quinze	Vyftien
Seize	Sestien
Sept	Sewe
Six	Ses
Treize	Dertien
Trois	Drie
Vingt	Twintig
Zéro	Nul

Nourriture #1
Voedsel - #1

Ail	Knoffel
Basilic	Basiliekruid
Café	Koffie
Cannelle	Kaneel
Carotte	Wortel
Citron	Suurlemoen
Épinard	Spinasie
Fraise	Aarbei
Jus	Sap
Lait	Melk
Navet	Raap
Oignon	Ui
Orge	Gars
Poire	Peer
Salade	Slaai
Sel	Sout
Soupe	Sop
Sucre	Suiker
Thon	Tuna
Viande	Vleis

Nourriture #2
Voedsel - #2

Amande	Amandel
Aubergine	Eiervrug
Banane	Piesang
Blé	Koring
Brocoli	Broccoli
Cerise	Kersie
Céleri	Seldery
Champignon	Sampioen
Chocolat	Sjokolade
Jambon	Ham
Kiwi	Kiwi
Mangue	Mango
Oeuf	Eier
Pain	Brood
Poisson	Vis
Pomme	Appel
Poulet	Hoender
Raisin	Druiwe
Riz	Rys
Tomate	Tamatie

Nutrition
Voeding

Amer	Bitter
Appétit	Eetlus
Calories	Kalorieë
Comestible	Eetbare
Diète	Dieet
Digestion	Vertering
Épices	Speserye
Équilibré	Gebalanseerde
Fermentation	Fermentasie
Glucides	Koolhidrate
Liquides	Vloeistowwe
Poids	Gewig
Protéines	Proteïene
Qualité	Gehalte
Sain	Gesond
Santé	Gesondheid
Sauce	Sous
Saveur	Geur
Toxine	Gifstof
Vitamine	Vitamien

Océan
Oseaan

Algue	Seewier
Anguille	Paling
Baleine	Walvis
Bateau	Boot
Corail	Koraal
Crabe	Krap
Crevette	Garnale
Dauphin	Dolfyn
Éponge	Spons
Huître	Oester
Méduse	Jellievis
Poisson	Vis
Poulpe	Seekat
Requin	Haai
Récif	Rif
Sel	Sout
Tempête	Storm
Thon	Tuna
Tortue	Skilpad
Vagues	Golwe

Oiseaux
Voëls

Aigle	Arend
Autruche	Volstruis
Canard	Eend
Cigogne	Ooievaar
Colombe	Duif
Corbeau	Kraai
Coucou	Koekoek
Cygne	Swaan
Flamant	Flamingo
Héron	Reier
Manchot	Pikkewyn
Moineau	Mossie
Mouette	Meeu
Oeuf	Eier
Oie	Gans
Paon	Pou
Perroquet	Papegaai
Pélican	Pelikaan
Poulet	Hoender
Toucan	Toekan

Pays #2
Lande #2

Albanie	Albanië
Chine	China
Danemark	Denemarke
France	Frankryk
Haïti	Haïti
Indonésie	Indonesië
Irlande	Ierland
Jamaïque	Jamaika
Japon	Japan
Kenya	Kenia
Laos	Laos
Liban	Libanon
Mexique	Mexiko
Ouganda	Uganda
Pakistan	Pakistan
Russie	Rusland
Somalie	Somalië
Soudan	Soedan
Syrie	Sirië
Ukraine	Oekraïne

Paysages
Landskappe

Cascade	Waterval
Colline	Heuwel
Désert	Woestyn
Estuaire	Riviermonding
Fleuve	Rivier
Geyser	Geyser
Glacier	Gletser
Grotte	Grot
Iceberg	Ysberg
Île	Eiland
Lac	Meer
Marais	Moeras
Mer	See
Montagne	Berg
Oasis	Oase
Péninsule	Skiereiland
Plage	Strand
Toundra	Toendra
Vallée	Vallei
Volcan	Vulkaan

Pêche
Visvang

Appât	Aas
Bateau	Boot
Branchies	Kiewe
Crochet	Haak
Cuire	Kook
Eau	Water
Exagération	Oordrywing
Équipement	Toerusting
Fil	Draad
Fleuve	Rivier
Lac	Meer
Mâchoire	Kakebeen
Océan	Oseaan
Panier	Mandjie
Patience	Geduld
Plage	Strand
Poids	Gewig
Saison	Seisoen

Pirates
Seerowers

Ancre	Anker
Aventure	Avontuur
Capitaine	Kaptein
Carte	Kaart
Cicatrice	Litteken
Danger	Gevaar
Drapeau	Vlag
Épée	Swaard
Équipage	Bemanning
Grotte	Grot
Île	Eiland
Légende	Legende
Mauvais	Slegte
Océan	Oseaan
Or	Goud
Perroquet	Papegaai
Pièces	Munte
Plage	Strand
Rhum	Rum
Trésor	Skat

Plage
Strand

Bateau	Boot
Bleu	Blou
Coquilles	Skulpe
Côte	Kus
Crabe	Krap
Dock	Dok
Île	Eiland
Lagune	Strandmeer
Mer	See
Océan	Oseaan
Parapluie	Sambreel
Récif	Rif
Sable	Sand
Sandales	Sandale
Serviette	Handdoek
Soleil	Son
Vacances	Vakansie
Voilier	Seilboot

Plantes
Plante

Arbre	Boom
Baie	Bessie
Bambou	Bamboes
Botanique	Plantkunde
Cactus	Kaktus
Engrais	Kunsmis
Feuillage	Blare
Fleur	Blom
Flore	Flora
Forêt	Bos
Grandir	Groei
Haricot	Boontjie
Herbe	Gras
Jardin	Tuin
Lierre	Klimop
Mousse	Mos
Pétale	Blomblare
Racine	Wortel
Tige	Stam
Végétation	Plantegroei

Professions #1
Beroepe #1

Ambassadeur	Ambassadeur
Astronome	Sterrekundige
Avocat	Prokureur
Banquier	Bankier
Bijoutier	Juwelier
Cartographe	Kartograaf
Chasseur	Jagter
Danseur	Danser
Entraîneur	Afrigter
Éditeur	Redakteur
Géologue	Geoloog
Infirmière	Verpleegster
Médecin	Dokter
Musicien	Musikant
Pianiste	Pianis
Plombier	Loodgieter
Pompier	Brandweerman
Psychologue	Sielkundige
Scientifique	Wetenskaplike
Vétérinaire	Veearts

Professions #2
Beroepe #2

Astronaute	Ruimtevaarder
Bibliothécaire	Bibliotekaris
Biologiste	Bioloog
Chercheur	Navorser
Chirurgien	Chirurg
Dentiste	Tandarts
Détective	Speurder
Enseignant	Onderwyser
Illustrateur	Illustreerder
Ingénieur	Ingenieur
Inventeur	Uitvinder
Jardinier	Tuinier
Journaliste	Joernalis
Linguiste	Taalkundige
Médecin	Geneesheer
Peintre	Skilder
Philosophe	Filosoof
Photographe	Fotograaf
Pilote	Vlieënier
Zoologiste	Dierkundige

Randonnée
Stap

Animaux	Diere
Bottes	Stewels
Camping	Kampeer
Carte	Kaart
Climat	Klimaat
Eau	Water
Falaise	Krans
Fatigué	Moeg
Guides	Gidse
Lourd	Swaar
Météo	Weer
Montagne	Berg
Nature	Natuur
Orientation	Oriëntasie
Parcs	Parke
Pierres	Klippe
Préparation	Voorbereiding
Sauvage	Wilde
Soleil	Son
Sommet	Beraad

Remplir
Om te Vul

Baignoire	Bad
Baril	Vat
Boîte	Boks
Bouteille	Bottel
Caisse	Krat
Carton	Karton
Dossier	Gids
Enveloppe	Koevert
Navire	Vaartuig
Panier	Mandjie
Paquet	Pakkie
Plateau	Skinkbord
Pot	Pot
Sac	Sak
Seau	Emmer
Tiroir	Laai
Tube	Buis
Valise	Tas
Vase	Vaas

Restaurant #1
Restaurant #1

Allergie	Allergie
Assiette	Plaat
Bol	Bak
Café	Koffie
Caissier	Kassier
Couteau	Mes
Cuisine	Kombuis
Dessert	Nagereg
Épicé	Pittige
Ingrédients	Bestanddele
Menu	Menu
Nourriture	Kos
Pain	Brood
Poulet	Hoender
Réservation	Bespreking
Sauce	Sous
Serveuse	Kelnerin
Serviette	Servet
Viande	Vleis

Restaurant #2
Restaurant #2

Boisson	Drank
Chaise	Stoel
Cuillère	Lepel
Déjeuner	Middagete
Délicieux	Heerlike
Dîner	Aandete
Eau	Water
Épices	Speserye
Fourchette	Vurk
Fruit	Vrugte
Gâteau	Koek
Glace	Ys
Légumes	Groente
Nouilles	Noedels
Oeuf	Eiers
Poisson	Vis
Salade	Slaai
Sel	Sout
Serveur	Kelner
Soupe	Sop

Salle de Bains
Badkamer

Bain	Bad
Bulles	Borrels
Ciseaux	Skêr
Douche	Stort
Eau	Water
Éponge	Spons
Lotion	Lotion
Miroir	Spieël
Parfum	Parfuum
Robinet	Kraan
Savon	Seep
Serviette	Handdoek
Shampooing	Sjampoe
Tapis	Mat
Toilette	Toilet
Vapeur	Stoom

Science
Wetenskap

Atome	Atoom
Chimique	Chemiese
Climat	Klimaat
Données	Data
Expérience	Eksperiment
Évolution	Evolusie
Fait	Feit
Fossile	Fossiel
Gravité	Swaartekrag
Hypothèse	Hipotese
Laboratoire	Laboratorium
Méthode	Metode
Minéraux	Minerale
Molécules	Molekules
Nature	Natuur
Observation	Waarneming
Organisme	Organisme
Particules	Deeltjies
Physique	Fisika
Scientifique	Wetenskaplike

Science-Fiction
Wetenskap Fiksie

Atomique	Atoom
Cinéma	Teater
Explosion	Ontploffing
Extrême	Uiterste
Fantastique	Fantasties
Feu	Vuur
Futuriste	Futuristies
Galaxie	Sterrestelsel
Illusion	Illusie
Imaginaire	Denkbeeldige
Livres	Boeke
Monde	Heelal
Mystérieux	Geheimsinnige
Oracle	Orakel
Planète	Planeet
Réaliste	Realistiese
Robots	Robotte
Scénario	Scenario
Technologie	Tegnologie
Utopie	Utopie

Sports
Sport

Arbitre	Skeidsregter
Athlète	Atleet
Base-Ball	Bofbal
Basket-Ball	Basketbal
Championnat	Kampioenskap
Entraîneur	Afrigter
Équipe	Span
Gagnant	Wenner
Golf	Gholf
Gymnase	Gimnasium
Gymnastique	Gimnastiek
Hockey	Hokkie
Jeu	Spel
Joueur	Speler
Mouvement	Beweging
Stade	Stadion
Tennis	Tennis
Vélo	Fiets

Surf
Branderplankry

Amusement	Pret
Athlète	Atleet
Champion	Kampioen
Débutant	Beginner
Estomac	Maag
Extrême	Uiterste
Force	Sterkte
Foules	Skares
Météo	Weer
Mousse	Skuim
Océan	Oseaan
Plage	Strand
Populaire	Gewilde
Récif	Rif
Style	Styl
Vague	Golf
Vitesse	Spoed

Technologie
Tegnologie

Blog	Blog
Caméra	Kamera
Curseur	Wyser
Données	Data
Écran	Skerm
Fichier	Lêer
Internet	Internet
Logiciel	Sagteware
Message	Boodskap
Navigateur	Leser
Numérique	Digitale
Octets	Grepe
Ordinateur	Rekenaar
Police	Font
Recherche	Navorsing
Sécurité	Sekuriteit
Statistiques	Statistieke
Virtuel	Virtuele
Virus	Virus

Temps
Tyd

Année	Jaar
Annuel	Jaarlikse
Après	Na
Avant	Voor
Bientôt	Gou
Calendrier	Kalender
Décennie	Dekade
Futur	Toekoms
Heure	Uur
Hier	Gister
Horloge	Klok
Jour	Dag
Maintenant	Nou
Matin	Oggend
Midi	Middag
Minute	Minuut
Mois	Maand
Nuit	Nag
Semaine	Week
Siècle	Eeu

Types de Cheveux
Hare Tipes

Argent	Silwer
Blanc	Wit
Blond	Blond
Boucles	Krulle
Brillant	Blink
Chauve	Kaal
Coloré	Gekleurde
Court	Kort
Doux	Sagte
Épais	Dik
Frisé	Krullerige
Gris	Grys
Long	Lank
Marron	Bruin
Mince	Dun
Noir	Swart
Ondulé	Golwende
Sain	Gesond
Sec	Droë
Tressé	Gevleg

Vacances #2
Vakansie #2

Aéroport	Lughawe
Camping	Kampeer
Carte	Kaart
Destination	Bestemming
Étranger	Buitelander
Hôtel	Hotel
Île	Eiland
Loisir	Ontspanning
Mer	See
Passeport	Paspoort
Plage	Strand
Restaurant	Restaurant
Réservations	Besprekings
Taxi	Taxi
Tente	Tent
Train	Trein
Transport	Vervoer
Vacances	Vakansie
Visa	Visa
Voyage	Reis

Vertus #1
Deugde #1

Artistique	Artistieke
Bon	Goeie
Charmant	Sjarmant
Curieux	Nuuskierig
Décisif	Beslissend
Drôle	Snaaks
Efficace	Doeltreffend
Fiable	Betroubaar
Généreux	Ruim
Indépendant	Onafhanklik
Intelligent	Intelligente
Modeste	Beskeie
Passionné	Passievol
Patient	Pasiënt
Pratique	Praktiese
Propre	Skoon
Sage	Wyse
Utile	Nuttig

Véhicules
Voertuie

Ambulance	Ambulans
Avion	Vliegtuig
Bateau	Boot
Bus	Bus
Camion	Vragmotor
Caravane	Karavaan
Ferry	Ferry
Fusée	Vuurpyl
Hélicoptère	Helikopter
Métro	Metro
Moteur	Enjin
Navette	Pendel
Pneus	Bande
Radeau	Vlot
Scooter	Scooter
Sous-Marin	Duikboot
Taxi	Taxi
Tracteur	Trekker
Vélo	Fiets
Voiture	Motor

Vêtements
Klere

Bracelet	Armband
Ceinture	Gordel
Chapeau	Hoed
Chaussure	Skoen
Chemise	Hemp
Chemisier	Bloes
Collier	Halssnoer
Foulard	Serp
Gants	Handskoene
Jeans	Denim
Jupe	Rok
Manteau	Jas
Mode	Mode
Pantalon	Broek
Pull	Trui
Pyjama	Pajamas
Robe	Aantrek
Sandales	Sandale
Tablier	Voorskoot
Veste	Baadjie

Ville
Die Dorp

Aéroport	Lughawe
Banque	Bank
Bibliothèque	Biblioteek
Boulangerie	Bakkery
Clinique	Kliniek
École	Skool
Fleuriste	Bloemiste
Galerie	Galery
Hôtel	Hotel
Librairie	Boekwinkel
Marché	Mark
Musée	Museum
Pharmacie	Apteek
Restaurant	Restaurant
Salon	Salon
Stade	Stadion
Supermarché	Supermark
Théâtre	Teater
Université	Universiteit
Zoo	Dieretuin

Félicitations

Vous avez réussi !

Nous espérons que vous avez apprécié ce livre autant que nous avons pris plaisir à le concevoir. Nous faisons de notre mieux pour créer des livres de la meilleure qualité possible.
Cette édition est conçue pour permettre un apprentissage intelligent et de qualité en se divertissant !

Vous avez aimé ce livre ?

Une Simple Demande

Nos livres existent grâce aux avis que vous publiez. Pourriez-vous nous aider en laissant un avis maintenant ?

Voici un lien rapide qui vous mènera à votre
page d'évaluation de vos commandes :

BestBooksActivity.com/Avis50

CHALLENGE FINAL !

Défi n°1

Êtes-vous prêt pour votre jeu bonus ? Nous les utilisons tout le temps mais ils ne sont pas si faciles à trouver. Voici les **Synonymes** !

Notez 5 mots que vous avez trouvés dans les puzzles notés ci-dessous (n°21, n°36, n°76) et essayez de trouver 2 synonymes pour chaque mot.

Notez 5 Mots du *Puzzle 21*

Mots	Synonyme 1	Synonyme 2

Notez 5 Mots du *Puzzle 36*

Mots	Synonyme 1	Synonyme 2

Notez 5 Mots du *Puzzle 76*

Mots	Synonyme 1	Synonyme 2

Défi n°2

Maintenant que vous vous êtes échauffé, notez 5 mots que vous avez découverts dans les Puzzles n° 9, n° 17, n° 25 et essayez de trouver 2 antonymes pour chaque mot. Combien pouvez-vous en trouver en 20 minutes ?

Notez 5 Mots du **Puzzle 9**

Mots	Antonyme 1	Antonyme 2

Notez 5 Mots du **Puzzle 17**

Mots	Antonyme 1	Antonyme 2

Notez 5 Mots du **Puzzle 25**

Mots	Antonyme 1	Antonyme 2

Défi n°3

Formidable ! Ce défi final n'est rien pour vous.

Prêt pour le dernier défi ? Choisissez 10 mots que vous avez découverts parmi les différents puzzles et notez-les ci-dessous.

1.	6.
2.	7.
3.	8.
4.	9.
5.	10.

Maintenant, composez un texte en pensant à une personne, un animal ou un lieu que vous aimez !

Astuce: Vous pouvez utiliser la dernière page de ce livre comme brouillon !

Votre Composition :

CARNET DE NOTES :

À TRÈS BIENTÔT !

Toute l'équipe

DECOUVREZ DES JEUX GRATUITS

GO

↓

BESTACTIVITYBOOKS.COM/FREEGAMES